Handexemplar

Tabellen

zur Umrechnung der Steueransätze zur Umlagenverteilung

(Art. 25 Abs. IV des Bayerischen Umlagengesetzes vom 14. Aug. 1910).

Herausgegeben

von

W. Gaß,

städt. Obersekretär in Kaiserslautern.

München 1911.

J. Schweitzer Verlag (Arthur Sellier)

Kurze erläuternde Bemerkungen sind am Schlusse beigegeben.

Preis Mk. 1.50.

1—100 *M.*

Einfache Steuer ℳ	₰	Die Hälfte ℳ	₰	1½ fach ℳ	₰	2½ fach ℳ	₰	Einfache Steuer ℳ	₰	Die Hälfte ℳ	₰	1½ fach ℳ	₰	2½ fach ℳ	₰
1	—	1[1]	—	1	50	2	50	51	—	25	50	76	50	127	50
2	—	1	—	3	—	5	—	52	—	26	—	78	—	130	—
3	—	1	50	4	50	7	50	53	—	26	50	79	50	132	50
4	—	2	—	6	—	10	—	54	—	27	—	81	—	135	—
5	—	2	50	7	50	12	50	55	—	27	50	82	50	137	50
6	—	3	—	9	—	15	—	56	—	28	—	84	—	140	—
7	—	3	50	10	50	17	50	57	—	28	50	85	50	142	50
8	—	4	—	12	—	20	—	58	—	29	—	87	—	145	—
9	—	4	50	13	50	22	50	59	—	29	50	88	50	147	50
10	—	5	—	15	—	25	—	60	—	30	—	90	—	150	—
11	—	5	50	16	50	27	50	61	—	30	50	91	50	152	50
12	—	6	—	18	—	30	—	62	—	31	—	93	—	155	—
13	—	6	50	19	50	32	50	63	—	31	50	94	50	157	50
14	—	7	—	21	—	35	—	64	—	32	—	96	—	160	—
15	—	7	50	22	50	37	50	65	—	32	50	97	50	162	50
16	—	8	—	24	—	40	—	66	—	33	—	99	—	165	—
17	—	8	50	25	50	42	50	67	—	33	50	100	50	167	50
18	—	9	—	27	—	45	—	68	—	34	—	102	—	170	—
19	—	9	50	28	50	47	50	69	—	34	50	103	50	172	50
20	—	10	—	30	—	50	—	70	—	35	—	105	—	175	—
21	—	10	50	31	50	52	50	71	—	35	50	106	50	177	50
22	—	11	—	33	—	55	—	72	—	36	—	108	—	180	—
23	—	11	50	34	50	57	50	73	—	36	50	109	50	182	50
24	—	12	—	36	—	60	—	74	—	37	—	111	—	185	—
25	—	12	50	37	50	62	50	75	—	37	50	112	50	187	50
26	—	13	—	39	—	65	—	76	—	38	—	114	—	190	—
27	—	13	50	40	50	67	50	77	—	38	50	115	50	192	50
28	—	14	—	42	—	70	—	78	—	39	—	117	—	195	—
29	—	14	50	43	50	72	50	79	—	39	50	118	50	197	50
30	—	15	—	45	—	75	—	80	—	40	—	120	—	200	—
31	—	15	50	46	50	77	50	81	—	40	50	121	50	202	50
32	—	16	—	48	—	80	—	82	—	41	—	123	—	205	—
33	—	16	50	49	50	82	50	83	—	41	50	124	50	207	50
34	—	17	—	51	—	85	—	84	—	42	—	126	—	210	—
35	—	17	50	52	50	87	50	85	—	42	50	127	50	212	50
36	—	18	—	54	—	90	—	86	—	43	—	129	—	215	—
37	—	18	50	55	50	92	50	87	—	43	50	130	50	217	50
38	—	19	—	57	—	95	—	88	—	44	—	132	—	220	—
39	—	19	50	58	50	97	50	89	—	44	50	133	50	222	50
40	—	20	—	60	—	100	—	90	—	45	—	135	—	225	—
41	—	20	50	61	50	102	50	91	—	45	50	136	50	227	50
42	—	21	—	63	—	105	—	92	—	46	—	138	—	230	—
43	—	21	50	64	50	107	50	93	—	46	50	139	50	232	50
44	—	22	—	66	—	110	—	94	—	47	—	141	—	235	—
45	—	22	50	67	50	112	50	95	—	47	50	142	50	237	50
46	—	23	—	69	—	115	—	96	—	48	—	144	—	240	—
47	—	23	50	70	50	117	50	97	—	48	50	145	50	242	50
48	—	24	—	72	—	120	—	98	—	49	—	147	—	245	—
49	—	24	50	73	50	122	50	99	—	49	50	148	50	247	50
50	—	25	—	75	—	125	—	100	—	50	—	150	—	250	—

[1] Art. 25 VI des UmlG.

1—99 *Pf.*

Einfache Steuer		Die Hälfte		1½ fach		2½ fach		Einfache Steuer		Die Hälfte		1½ fach		2½ fach	
ℳ	₰	ℳ	₰	ℳ	₰	ℳ	₰	ℳ	₰	ℳ	₰	ℳ	₰	ℳ	₰
—	01	—	00^5	—	01^5	—	02^5	—	51	—	25^5	—	76^5	1	27^5
—	02	—	01	—	03	—	05	—	52	—	26	—	78	1	30
—	03	—	01^5	—	04^5	—	07^5	—	53	—	26^5	—	79^5	1	32^5
—	04	—	02	—	06	—	10	—	54	—	27	—	81	1	35
—	05	—	02^5	—	07^5	—	12^5	—	55	—	27^5	—	82^5	1	37^5
—	06	—	03	—	09	—	15	—	56	—	28	—	84	1	40
—	07	—	03^5	—	10^5	—	17^5	—	57	—	28^5	—	85^5	1	42^5
—	08	—	04	—	12	—	20	—	58	—	29	—	87	1	45
—	09	—	04^5	—	13^5	—	22^5	—	59	—	29^5	—	88^5	1	47^5
—	10	—	05	—	15	—	25	—	60	—	30	—	90	1	50
—	11	—	05^5	—	16^5	—	27^5	—	61	—	30^5	—	91^5	1	52^5
—	12	—	06	—	18	—	30	—	62	—	31	—	93	1	55
—	13	—	06^5	—	19^5	—	32^5	—	63	—	31^5	—	94^5	1	57^5
—	14	—	07	—	21	—	35	—	64	—	32	—	96	1	60
—	15	—	07^5	—	22^5	—	37^5	—	65	—	32^5	—	97^5	1	62^5
—	16	—	08	—	24	—	40	—	66	—	33	—	99	1	65
—	17	—	08^5	—	25^5	—	42^5	—	67	—	33^5	1	00^5	1	67^5
—	18	—	09	—	27	—	45	—	68	—	34	1	02	1	70
—	19	—	09^5	—	28^5	—	47^5	—	69	—	34^5	1	03^5	1	72^5
—	20	—	10	—	30	—	50	—	70	—	35	1	05	1	75
—	21	—	10^5	—	31^5	—	52^5	—	71	—	35^5	1	06^5	1	77^5
—	22	—	11	—	33	—	55	—	72	—	36	1	08	1	80
—	23	—	11^5	—	34^5	—	57^5	—	73	—	36^5	1	09^5	1	82^5
—	24	—	12	—	36	—	60	—	74	—	37	1	11	1	85
—	25	—	12^5	—	37^5	—	62^5	—	75	—	37^5	1	12^5	1	87^5
—	26	—	13	—	39	—	65	—	76	—	38	1	14	1	90
—	27	—	13^5	—	40^5	—	67^5	—	77	—	38^5	1	15^5	1	92^5
—	28	—	14	—	42	—	70	—	78	—	39	1	17	1	95
—	29	—	14^5	—	43^5	—	72^5	—	79	—	39^5	1	18^5	1	97^5
—	30	—	15	—	45	—	75	—	80	—	40	1	20	2	00
—	31	—	15^5	—	46^5	—	77^5	—	81	—	40^5	1	21^5	2	02^5
—	32	—	16	—	48	—	80	—	82	—	41	1	23	2	05
—	33	—	16^5	—	49^5	—	82^5	—	83	—	41^5	1	24^5	2	07^5
—	34	—	17	—	51	—	85	—	84	—	42	1	26	2	10
—	35	—	17^5	—	52^5	—	87^5	—	85	—	42^5	1	27^5	2	12^5
—	36	—	18	—	54	—	90	—	86	—	43	1	29	2	15
—	37	—	18^5	—	55^5	—	92^5	—	87	—	43^5	1	30^5	2	17^5
—	38	—	19	—	57	—	95	—	88	—	44	1	32	2	20
—	39	—	19^5	—	58^5	—	97^5	—	89	—	44^5	1	33^5	2	22^5
—	40	—	20	—	60	1	00	—	90	—	45	1	35	2	25
—	41	—	20^5	—	61^5	1	02^5	—	91	—	45^5	1	36^5	2	27^5
—	42	—	21	—	63	1	05	—	92	—	46	1	38	2	30
—	43	—	21^5	—	64^5	1	07^5	—	93	—	46^5	1	39^5	2	32^5
—	44	—	22	—	66	1	10	—	94	—	47	1	41	2	35
—	45	—	22^5	—	67^5	1	12^5	—	95	—	47^5	1	42^5	2	37^5
—	46	—	23	—	69	1	15	—	96	—	48	1	44	2	40
—	47	—	23^5	—	70^5	1	17^5	—	97	—	48^5	1	45^5	2	42^5
—	48	—	24	—	72	1	20	—	98	—	49	1	47	2	45
—	49	—	24^5	—	73^5	1	22^5	—	99	—	49^5	1	48^5	2	47^5
—	50	—	25	—	75	1	25	—							

Einfache Steuer ℳ	₰	Die Hälfte ℳ	₰	1½ fach ℳ	₰	2½ fach ℳ	₰	Einfache Steuer ℳ	₰	Die Hälfte ℳ	₰	1½ fach ℳ	₰	2½ fach ℳ	₰
101	—	50	50	151	50	252	50	151	—	75	50	226	50	377	50
102	—	51	—	153	—	255	—	152	—	76	—	228	—	380	—
103	—	51	50	154	50	257	50	153	—	76	50	229	50	382	50
104	—	52	—	156	—	260	—	154	—	77	—	231	—	385	—
105	—	52	50	157	50	262	50	155	—	77	50	232	50	387	50
106	—	53	—	159	—	265	—	156	—	78	—	234	—	390	—
107	—	53	50	160	50	267	50	157	—	78	50	235	50	392	50
108	—	54	—	162	—	270	—	158	—	79	—	237	—	395	—
109	—	54	50	163	50	272	50	159	—	79	50	238	50	397	50
110	—	55	—	165	—	275	—	160	—	80	—	240	—	400	—
111	—	55	50	166	50	277	50	161	—	80	50	241	50	402	50
112	—	56	—	168	—	280	—	162	—	81	—	243	—	405	—
113	—	56	50	169	50	282	50	163	—	81	50	244	50	407	50
114	—	57	—	171	—	285	—	164	—	82	—	246	—	410	—
115	—	57	50	172	50	287	50	165	—	82	50	247	50	412	50
116	—	58	—	174	—	290	—	166	—	83	—	249	—	415	—
117	—	58	50	175	50	292	50	167	—	83	50	250	50	417	50
118	—	59	—	177	—	295	—	168	—	84	—	252	—	420	—
119	—	59	50	178	50	297	50	169	—	84	50	253	50	422	50
120	—	60	—	180	—	300	—	170	—	85	—	255	—	425	—
121	—	60	50	181	50	302	50	171	—	85	50	256	50	427	50
122	—	61	—	183	—	305	—	172	—	86	—	258	—	430	—
123	—	61	50	184	50	307	50	173	—	86	50	259	50	432	50
124	—	62	—	186	—	310	—	174	—	87	—	261	—	435	—
125	—	62	50	187	50	312	50	175	—	87	50	262	50	437	50
126	—	63	—	189	—	315	—	176	—	88	—	264	—	440	—
127	—	63	50	190	50	317	50	177	—	88	50	265	50	442	50
128	—	64	—	192	—	320	—	178	—	89	—	267	—	445	—
129	—	64	50	193	50	322	50	179	—	89	50	268	50	447	50
130	—	65	—	195	—	325	—	180	—	90	—	270	—	450	—
131	—	65	50	196	50	327	50	181	—	90	50	271	50	452	50
132	—	66	—	198	—	330	—	182	—	91	—	273	—	455	—
133	—	66	50	199	50	332	50	183	—	91	50	274	50	457	50
134	—	67	—	201	—	335	—	184	—	92	—	276	—	460	—
135	—	67	50	202	50	337	50	185	—	92	50	277	50	462	50
136	—	68	—	204	—	340	—	186	—	93	—	279	—	465	—
137	—	68	50	205	50	342	50	187	—	93	50	280	50	467	50
138	—	69	—	207	—	345	—	188	—	94	—	282	—	470	—
139	—	69	50	208	50	347	50	189	—	94	50	283	50	472	50
140	—	70	—	210	—	350	—	190	—	95	—	285	—	475	—
141	—	70	50	211	50	352	50	191	—	95	50	286	50	477	50
142	—	71	—	213	—	355	—	192	—	96	—	288	—	480	—
143	—	71	50	214	50	357	50	193	—	96	50	289	50	482	50
144	—	72	—	216	—	360	—	194	—	97	—	291	—	485	—
145	—	72	50	217	50	362	50	195	—	97	50	292	50	487	50
146	—	73	—	219	—	365	—	196	—	98	—	294	—	490	—
147	—	73	50	220	50	367	50	197	—	98	50	295	50	492	50
148	—	74	—	222	—	370	—	198	—	99	—	297	—	495	—
149	—	74	50	223	50	372	50	199	—	99	50	298	50	497	50
150	—	75	—	225	—	375	—	200	—	100	—	300	—	500	—

1—99 *Pf.*

Einfache Steuer		Die Hälfte		1½ fach		2½ fach		Einfache Steuer		Die Hälfte		1½ fach		2½ fach	
M	*Pf*	*M*	*Pf*	*M*	*Pf*	*M*	*Pf*	*M*	*Pf*	*M*	*Pf*	*M*	*Pf*	*M*	*Pf*
—	01	—	00^5	—	01^5	—	02^5	—	51	—	25^5	—	76^5	1	27^5
—	02	—	01	—	03	—	05	—	52	—	26	—	78	1	30
—	03	—	01^5	—	04^5	—	07^5	—	53	—	26^5	—	79^5	1	32^5
—	04	—	02	—	06	—	10	—	54	—	27	—	81	1	35
—	05	—	02^5	—	07^5	—	12^5	—	55	—	27^5	—	82^5	1	37^5
—	06	—	03	—	09	—	15	—	56	—	28	—	84	1	40
—	07	—	03^5	—	10^5	—	17^5	—	57	—	28^5	—	85^5	1	42^5
—	08	—	04	—	12	—	20	—	58	—	29	—	87	1	45
—	09	—	04^5	—	13^5	—	22^5	—	59	—	29^5	—	88^5	1	47^5
—	10	—	05	—	15	—	25	—	60	—	30	—	90	1	50
—	11	—	05^5	—	16^5	—	27^5	—	61	—	30^5	—	91^5	1	52^5
—	12	—	06	—	18	—	30	—	62	—	31	—	93	1	55
—	13	—	06^5	—	19^5	—	32^5	—	63	—	31^5	—	94^5	1	57^5
—	14	—	07	—	21	—	35	—	64	—	32	—	96	1	60
—	15	—	07^5	—	22^5	—	37^5	—	65	—	32^5	—	97^5	1	62^5
—	16	—	08	—	24	—	40	—	66	—	33	—	99	1	65
—	17	—	08^5	—	25^5	—	42^5	—	67	—	33^5	1	00^5	1	67^5
—	18	—	09	—	27	—	45	—	68	—	34	1	02	1	70
—	19	—	09^5	—	28^5	—	47^5	—	69	—	34^5	1	03^5	1	72^5
—	20	—	10	—	30	—	50	—	70	—	35	1	05	1	75
—	21	—	10^5	—	31^5	—	52^5	—	71	—	35^5	1	06^5	1	77^5
—	22	—	11	—	33	—	55	—	72	—	36	1	08	1	80
—	23	—	11^5	—	34^5	—	57^5	—	73	—	36^5	1	09^5	1	82^5
—	24	—	12	—	36	—	60	—	74	—	37	1	11	1	85
—	25	—	12^5	—	37^5	—	62^5	—	75	—	37^5	1	12^5	1	87^5
—	26	—	13	—	39	—	65	—	76	—	38	1	14	1	90
—	27	—	13^5	—	40^5	—	67^5	—	77	—	38^5	1	15^5	1	92^5
—	28	—	14	—	42	—	70	—	78	—	39	1	17	1	95
—	29	—	14^5	—	43^5	—	72^5	—	79	—	39^5	1	18^5	1	97^5
—	30	—	15	—	45	—	75	—	80	—	40	1	20	2	00
—	31	—	15^5	—	46^5	—	77^5	—	81	—	40^5	1	21^5	2	02^5
—	32	—	16	—	48	—	80	—	82	—	41	1	23	2	05
—	33	—	16^5	—	49^5	—	82^5	—	83	—	41^5	1	24^5	2	07^5
—	34	—	17	—	51	—	85	—	84	—	42	1	26	2	10
—	35	—	17^5	—	52^5	—	87^5	—	85	—	42^5	1	27^5	2	12^5
—	36	—	18	—	54	—	90	—	86	—	43	1	29	2	15
—	37	—	18^5	—	55^5	—	92^5	—	87	—	43^5	1	30^5	2	17^5
—	38	—	19	—	57	—	95	—	88	—	44	1	32	2	20
—	39	—	19^5	—	58^5	—	97^5	—	89	—	44^5	1	33^5	2	22^5
—	40	—	20	—	60	1	00	—	90	—	45	1	35	2	25
—	41	—	20^5	—	61^5	1	02^5	—	91	—	45^5	1	36^5	2	27^5
—	42	—	21	—	63	1	05	—	92	—	46	1	38	2	30
—	43	—	21^5	—	64^5	1	07^5	—	93	—	46^5	1	39^5	2	32^5
—	44	—	22	—	66	1	10	—	94	—	47	1	41	2	35
—	45	—	22^5	—	67^5	1	12^5	—	95	—	47^5	1	42^5	2	37^5
—	46	—	23	—	69	1	15	—	96	—	48	1	44	2	40
—	47	—	23^5	—	70^5	1	17^5	—	97	—	48^5	1	45^5	2	42^5
—	48	—	24	—	72	1	20	—	98	—	49	1	47	2	45
—	49	—	24^5	—	73^5	1	22^5	—	99	—	49^5	1	48^5	2	47^5
—	50	—	25	—	75	1	25	—							

Einfache Steuer		Die Hälfte		1½ fach		2½ fach		Einfache Steuer		Die Hälfte		1½ fach		2½ fach	
M	Pf	M	Pf	M	Pf	M	Pf	M	Pf	M	Pf	M	Pf	M	Pf
201	—	100	50	301	50	502	50	251	—	125	50	376	50	627	50
202	—	101	—	303	—	505	—	252	—	126	—	378	—	630	—
203	—	101	50	304	50	507	50	253	—	126	50	379	50	632	50
204	—	102	—	306	—	510	—	254	—	127	—	381	—	635	—
205	—	102	50	307	50	512	50	255	—	127	50	382	50	637	50
206	—	103	—	309	—	515	—	256	—	128	—	384	—	640	—
207	—	103	50	310	50	517	50	257	—	128	50	385	50	642	50
208	—	104	—	312	—	520	—	258	—	129	—	387	—	645	—
209	—	104	50	313	50	522	50	259	—	129	50	388	50	647	50
210	—	105	—	315	—	525	—	260	—	130	—	390	—	650	—
211	—	105	50	316	50	527	50	261	—	130	50	391	50	652	50
212	—	106	—	318	—	530	—	262	—	131	—	393	—	655	—
213	—	106	50	319	50	532	50	263	—	131	50	394	50	657	50
214	—	107	—	321	—	535	—	264	—	132	—	396	—	660	—
215	—	107	50	322	50	537	50	265	—	132	50	397	50	662	50
216	—	108	—	324	—	540	—	266	—	133	—	399	—	665	—
217	—	108	50	325	50	542	50	267	—	133	50	400	50	667	50
218	—	109	—	327	—	545	—	268	—	134	—	402	—	670	—
219	—	109	50	328	50	547	50	269	—	134	50	403	50	672	50
220	—	110	—	330	—	550	—	270	—	135	—	405	—	675	—
221	—	110	50	331	50	552	50	271	—	135	50	406	50	677	50
222	—	111	—	333	—	555	—	272	—	136	—	408	—	680	—
223	—	111	50	334	50	557	50	273	—	136	50	409	50	682	50
224	—	112	—	336	—	560	—	274	—	137	—	411	—	685	—
225	—	112	50	337	50	562	50	275	—	137	50	412	50	687	50
226	—	113	—	339	—	565	—	276	—	138	—	414	—	690	—
227	—	113	50	340	50	567	50	277	—	138	50	415	50	692	50
228	—	114	—	342	—	570	—	278	—	139	—	417	—	695	—
229	—	114	50	343	50	572	50	279	—	139	50	418	50	697	50
230	—	115	—	345	—	575	—	280	—	140	—	420	—	700	—
231	—	115	50	346	50	577	50	281	—	140	50	421	50	702	50
232		116	—	348	—	580	—	282	—	141	—	423	—	705	—
233	—	116	50	349	50	582	50	283	—	141	50	424	50	707	50
234	—	117	—	351	—	585	—	284	—	142	—	426	—	710	—
235	—	117	50	352	50	587	50	285	—	142	50	427	50	712	50
236	—	118	—	354	—	590	—	286	—	143	—	429	—	715	—
237	—	118	50	355	50	592	50	287	—	143	50	430	50	717	50
238	—	119	—	357	—	595	—	288	—	144	—	432	—	720	—
239	—	119	50	358	50	597	50	289	—	144	50	433	50	722	50
240	—	120	—	360	—	600	—	290	—	145	—	435	—	725	—
241	—	120	50	361	50	602	50	291	—	145	50	436	50	727	50
242	—	121	—	363	—	605	—	292	—	146	—	438	—	730	—
243	—	121	50	364	50	607	50	293	—	146	50	439	50	732	50
244	—	122	—	366	—	610	—	294	—	147	—	441	—	735	—
245	—	122	50	367	50	612	50	295	—	147	50	442	50	737	50
246	—	123	—	369	—	615	—	296	—	148	—	444	—	740	—
247	—	123	50	370	50	617	50	297	—	148	50	445	50	742	50
248	—	124	—	372	—	620	—	298	—	149	—	447	—	745	—
249	—	124	50	373	50	622	50	299	—	149	50	448	50	747	50
250	—	125	—	375	—	625	—	300	—	150	—	450	—	750	—

1—99 *Pf.*

Einfache Steuer		Die Hälfte		1½ fach		2½ fach		Einfache Steuer		Die Hälfte		1½ fach		2½ fach	
ℳ	₰	ℳ	₰	ℳ	₰	ℳ	₰	ℳ	₰	ℳ	₰	ℳ	₰	ℳ	₰
—	01	—	00^5	—	01^5	—	02^5	—	51	—	25^5	—	76^5	1	27^5
—	02	—	01	—	03	—	05	—	52	—	26	—	78	1	30
—	03	—	01^5	—	04^5	—	07^5	—	53	—	26^5	—	79^5	1	32^5
—	04	—	02	—	06	—	10	—	54	—	27	—	81	1	35
—	05	—	02^5	—	07^5	—	12^5	—	55	—	27^5	—	82^5	1	37^5
—	06	—	03	—	09	—	15	—	56	—	28	—	84	1	40
—	07	—	03^5	—	10^5	—	17^5	—	57	—	28^5	—	85^5	1	42^5
—	08	—	04	—	12	—	20	—	58	—	29	—	87	1	45
—	09	—	04^5	—	13^5	—	22^5	—	59	—	29^5	—	88^5	1	47^5
—	10	—	05	—	15	—	25	—	60	—	30	—	90	1	50
—	11	—	05^5	—	16^5	—	27^5	—	61	—	30^5	—	91^5	1	52^5
—	12	—	06	—	18	—	30	—	62	—	31	—	93	1	55
—	13	—	06^5	—	19^5	—	32^5	—	63	—	31^5	—	94^5	1	57^5
—	14	—	07	—	21	—	35	—	64	—	32	—	96	1	60
—	15	—	07^5	—	22^5	—	37^5	—	65	—	32^5	—	97^5	1	62^5
—	16	—	08	—	24	—	40	—	66	—	33	—	99	1	65
—	17	—	08^5	—	25^5	—	42^5	—	67	—	33^5	1	00^5	1	67^5
—	18	—	09	—	27	—	45	—	68	—	34	1	02	1	70
—	19	—	09^5	—	28^5	—	47^5	—	69	—	34^5	1	03^5	1	72^5
—	20	—	10	—	30	—	50	—	70	—	35	1	05	1	75
—	21	—	10^5	—	31^5	—	52^5	—	71	—	35^5	1	06^5	1	77^5
—	22	—	11	—	33	—	55	—	72	—	36	1	08	1	80
—	23	—	11^5	—	34^5	—	57^5	—	73	—	36^5	1	09^5	1	82^5
—	24	—	12	—	36	—	60	—	74	—	37	1	11	1	85
—	25	—	12^5	—	37^5	—	62^5	—	75	—	37^5	1	12^5	1	87^5
—	26	—	13	—	39	—	65	—	76	—	38	1	14	1	90
—	27	—	13^5	—	40^5	—	67^5	—	77	—	38^5	1	15^5	1	92^5
—	28	—	14	—	42	—	70	—	78	—	39	1	17	1	95
—	29	—	14^5	—	43^5	—	72^5	—	79	—	39^5	1	18^5	1	97^5
—	30	—	15	—	45	—	75	—	80	—	40	1	20	2	00
—	31	—	15^5	—	46^5	—	77^5	—	81	—	40^5	1	21^5	2	02^5
—	32	—	16	—	48	—	80	—	82	—	41	1	23	2	05
—	33	—	16^5	—	49^5	—	82^5	—	83	—	41^5	1	24^5	2	07^5
—	34	—	17	—	51	—	85	—	84	—	42	1	26	2	10
—	35	—	17^5	—	52^5	—	87^5	—	85	—	42^5	1	27^5	2	12^5
—	36	—	18	—	54	—	90	—	86	—	43	1	29	2	15
—	37	—	18^5	—	55^5	—	92^5	—	87	—	43^5	1	30^5	2	17^5
—	38	—	19	—	57	—	95	—	88	—	44	1	32	2	20
—	39	—	19^5	—	58^5	—	97^5	—	89	—	44^5	1	33^5	2	22^5
—	40	—	20	—	60	1	00	—	90	—	45	1	35	2	25
—	41	—	20^5	—	61^5	1	02^5	—	91	—	45^5	1	36^5	2	27^5
—	42	—	21	—	63	1	05	—	92	—	46	1	38	2	30
—	43	—	21^5	—	64^5	1	07^5	—	93	—	46^5	1	39^5	2	32^5
—	44	—	22	—	66	1	10	—	94	—	47	1	41	2	35
—	45	—	22^5	—	67^5	1	12^5	—	95	—	47^5	1	42^5	2	37^5
—	46	—	23	—	69	1	15	—	96	—	48	1	44	2	40
—	47	—	23^5	—	70^5	1	17^5	—	97	—	48^5	1	45^5	2	42^5
—	48	—	24	—	72	1	20	—	98	—	49	1	47	2	45
—	49	—	24^5	—	73^5	1	22^5	—	99	—	49^5	1	48^5	2	47^5
—	50	—	25	—	75	1	25	—							

301—400 *M.*

Einfache Steuer		Die Hälfte		1½ fach		2½ fach		Einfache Steuer		Die Hälfte		1½ fach		2½ fach	
ℳ	₰	ℳ	₰	ℳ	₰	ℳ	₰	ℳ	₰	ℳ	₰	ℳ	₰	ℳ	₰
301	—	150	50	451	50	752	50	**351**	—	175	50	526	50	877	50
302	—	151	—	453	—	755	—	**352**	—	176	—	528	—	880	—
303	—	151	50	454	50	757	50	**353**	—	176	50	529	50	882	50
304	—	152	—	456	—	760	—	**354**	—	177	—	531	—	885	—
305	—	152	50	457	50	762	50	**355**	—	177	50	532	50	887	50
306	—	153	—	459	—	765	—	**356**	—	178	—	534	—	890	—
307	—	153	50	460	50	767	50	**357**	—	178	50	535	50	892	50
308	—	154	—	462	—	770	—	**358**	—	179	—	537	—	895	—
309	—	154	50	463	50	772	50	**359**	—	179	50	538	50	897	50
310	—	155	—	465	—	775	—	**360**	—	180	—	540	—	900	—
311	—	155	50	466	50	777	50	**361**	—	180	50	541	50	902	50
312	—	156	—	468	—	780	—	**362**	—	181	—	543	—	905	—
313	—	156	50	469	50	782	50	**363**	—	181	50	544	50	907	50
314	—	157	—	471	—	785	—	**364**	—	182	—	546	—	910	—
315	—	157	50	472	50	787	50	**365**	—	182	50	547	50	912	50
316	—	158	—	474	—	790	—	**366**	—	183	—	549	—	915	—
317	—	158	50	475	50	792	50	**367**	—	183	50	550	50	917	50
318	—	159	—	477	—	795	—	**368**	—	184	—	552	—	920	—
319	—	159	50	478	50	797	50	**369**	—	184	50	553	50	922	50
320	—	160	—	480	—	800	—	**370**	—	185	—	555	—	925	—
321	—	160	50	481	50	802	50	**371**	—	185	50	556	50	927	50
322	—	161	—	483	—	805	—	**372**	—	186	—	558	—	930	—
323	—	161	50	484	50	807	50	**373**	—	186	50	559	50	932	50
324	—	162	—	486	—	810	—	**374**	—	187	—	561	—	935	—
325	—	162	50	487	50	812	50	**375**	—	187	50	562	50	937	50
326	—	163	—	489	—	815	—	**376**	—	188	—	564	—	940	—
327	—	163	50	490	50	817	50	**377**	—	188	50	565	50	942	50
328	—	164	—	492	—	820	—	**378**	—	189	—	567	—	945	—
329	—	164	50	493	50	822	50	**379**	—	189	50	568	50	947	50
330	—	165	—	495	—	825	—	**380**	—	190	—	570	—	950	—
331	—	165	50	496	50	827	50	**381**	-	190	50	571	50	952	50
332	—	166	—	498	—	830	—	**382**	—	191	—	573	—	955	—
333	—	166	50	499	50	832	50	**383**	—	191	50	574	50	957	50
334	—	167	—	501	—	835	—	**384**	—	192	—	576	—	960	—
335	—	167	50	502	50	837	50	**385**	—	192	50	577	50	962	50
336	—	168	—	504	—	840	—	**386**	—	193	—	579	—	965	—
337	—	168	50	505	50	842	50	**387**	—	193	50	580	50	967	50
338	—	169	—	507	—	845	—	**388**	—	194	—	582	—	970	—
339	—	169	50	508	50	847	50	**389**	—	194	50	583	50	972	50
340	—	170	—	510	—	850	—	**390**	—	195	—	585	—	975	—
341	—	170	50	511	50	852	50	**391**	—	195	50	586	50	977	50
342	—	171	—	513	—	855	—	**392**	—	196	—	588	—	980	—
343	—	171	50	514	50	857	50	**393**	—	196	50	589	50	982	50
344	—	172	—	516	—	860	—	**394**	—	197	—	591	—	985	—
345	—	172	50	517	50	862	50	**395**	—	197	50	592	50	987	50
346	—	173	—	519	—	865	—	**396**	—	198		594	—	990	—
347	—	173	50	520	50	867	50	**397**	—	198	50	595	50	992	50
348	—	174	—	522	—	870	—	**398**	—	199	—	597	—	995	—
349	—	174	50	523	50	872	50	**399**	—	199	50	598	50	997	50
350	—	175	—	525	—	875	—	**400**	—	200	—	600	—	1000	—

1—99 *Pf.*

Einfache Steuer		Die Hälfte		1½ fach		2½ fach		Einfache Steuer		Die Hälfte		1½ fach		2½ fach	
ℳ	₰	ℳ	₰	ℳ	₰	ℳ	₰	ℳ	₰	ℳ	₰	ℳ	₰	ℳ	₰
—	01	—	00^5	—	01^5	—	02^5	—	51	—	25^5	—	76^5	1	27^5
—	02	—	01	—	03	—	05	—	52	—	26	—	78	1	30
—	03	—	01^5	—	04^5	—	07^5	—	53	—	26^5	—	79^5	1	32^5
—	04	—	02	—	06	—	10	—	54	—	27	—	81	1	35
—	05	—	02^5	—	07^5	—	12^5	—	55	—	27^5	—	82^5	1	37^5
—	06	—	03	—	09	—	15	—	56	—	28	—	84	1	40
—	07	—	03^5	—	10^5	—	17^5	—	57	—	28^5	—	85^5	1	42^5
—	08	—	04	—	12	—	20	—	58	—	29	—	87	1	45
—	09	—	04^5	—	13^5	—	22^5	—	59	—	29^5	—	88^5	1	47^5
—	10	—	05	—	15	—	25	—	60	—	30	—	90	1	50
—	11	—	05^5	—	16^5	—	27^5	—	61	—	30^5	—	91^5	1	52^5
—	12	—	06	—	18	—	30	—	62	—	31	—	93	1	55
—	13	—	06^5	—	19^5	—	32^5	—	63	—	31^5	—	94^5	1	57^5
—	14	—	07	—	21	—	35	—	64	—	32	—	96	1	60
—	15	—	07^5	—	22^5	—	37^5	—	65	—	32^5	—	97^5	1	62^5
—	16	—	08	—	24	—	40	—	66	—	33	—	99	1	65
—	17	—	08^5	—	25^5	—	42^5	—	67	—	33^5	1	00^5	1	67^5
—	18	—	09	—	27	—	45	—	68	—	34	1	02	1	70
—	19	—	09^5	—	28^5	—	47^5	—	69	—	34^5	1	03^5	1	72^5
—	20	—	10	—	30	—	50	—	70	—	35	1	05	1	75
—	21	—	10^5	—	31^5	—	52^5	—	71	—	35^5	1	06^5	1	77^5
—	22	—	11	—	33	—	55	—	72	—	36	1	08	1	80
—	23	—	11^5	—	34^5	—	57^5	—	73	—	36^5	1	09^5	1	82^5
—	24	—	12	—	36	—	60	—	74	—	37	1	11	1	85
—	25	—	12^5	—	37^5	—	62^5	—	75	—	37^5	1	12^5	1	87^5
—	26	—	13	—	39	—	65	—	76	—	38	1	14	1	90
—	27	—	13^5	—	40^5	—	67^5	—	77	—	38^5	1	15^5	1	92^5
—	28	—	14	—	42	—	70	—	78	—	39	1	17	1	95
—	29	—	14^5	—	43^5	—	72^5	—	79	—	39^5	1	18^5	1	97^5
—	30	—	15	—	45	—	75	—	80	—	40	1	20	2	00
—	31	—	15^5	—	46^5	—	77^5	—	81	—	40^5	1	21^5	2	02^5
—	32	—	16	—	48	—	80	—	82	—	41	1	23	2	05
—	33	—	16^5	—	49^5	—	82^5	—	83	—	41^5	1	24^5	2	07^5
—	34	—	17	—	51	—	85	—	84	—	42	1	26	2	10
—	35	—	17^5	—	52^5	—	87^5	—	85	—	42^5	1	27^5	2	12^5
—	36	—	18	—	54	—	90	—	86	—	43	1	29	2	15
—	37	—	18^5	—	55^5	—	92^5	—	87	—	43^5	1	30^5	2	17^5
—	38	—	19	—	57	—	95	—	88	—	44	1	32	2	20
—	39	—	19^5	—	58^5	—	97^5	—	89	—	44^5	1	33^5	2	22^5
—	40	—	20	—	60	1	00	—	90	—	45	1	35	2	25
—	41	—	20^5	—	61^5	1	02^5	—	91	—	45^5	1	36^5	2	27^5
—	42	—	21	—	63	1	05	—	92	—	46	1	38	2	30
—	43	—	21^5	—	64^5	1	07^5	—	93	—	46^5	1	39^5	2	32^5
—	44	—	22	—	66	1	10	—	94	—	47	1	41	2	35
—	45	—	22^5	—	67^5	1	12^5	—	95	—	47^5	1	42^5	2	37^5
—	46	—	23	—	69	1	15	—	96	—	48	1	44	2	40
—	47	—	23^5	—	70^5	1	17^5	—	97	—	48^5	1	45^5	2	42^5
—	48	—	24	—	72	1	20	—	98	—	49	1	47	2	45
—	49	—	24^5	—	73^5	1	22^5	—	99	—	49^5	1	48^5	2	47^5
—	50	—	25	—	75	1	25	—							

401—500 M.

Einfache Steuer M	Pf	Die Hälfte M	Pf	$1^1/_2$ fach M	Pf	$2^1/_2$ fach M	Pf	Einfache Steuer M	Pf	Die Hälfte M	Pf	$1^1/_2$ fach M	Pf	$2^1/_2$ fach M	Pf
401	—	200	50	601	50	1002	50	451	—	225	50	676	50	1127	50
402	—	201	—	603	—	1005	—	452	—	226	—	678	—	1130	—
403	—	201	50	604	50	1007	50	453	—	226	50	679	50	1132	50
404	—	202	—	606	—	1010	—	454	—	227	—	681	—	1135	—
405	—	202	50	607	50	1012	50	455	—	227	50	682	50	1137	50
406	—	203	—	609	—	1015	—	456	—	228	—	684	—	1140	—
407	—	203	50	610	50	1017	50	457	—	228	50	685	50	1142	50
408	—	204	—	612	—	1020	—	458	—	229	—	687	—	1145	—
409	—	204	50	613	50	1022	50	459	—	229	50	688	50	1147	50
410	—	205	—	615	—	1025	—	460	—	230	—	690	—	1150	—
411	—	205	50	616	50	1027	50	461	—	230	50	691	50	1152	50
412	—	206	—	618	—	1030	—	462	—	231	—	693	—	1155	—
413	—	206	50	619	50	1032	50	463	—	231	50	694	50	1157	50
414	—	207	—	621	—	1035	—	464	—	232	—	696	—	1160	—
415	—	207	50	622	50	1037	50	465	—	232	50	697	50	1162	50
416	—	208	—	624	—	1040	—	466	—	233	—	699	—	1165	—
417	—	208	50	625	50	1042	50	467	—	233	50	700	50	1167	50
418	—	209	—	627	—	1045	—	468	—	234	—	702	—	1170	—
419	—	209	50	628	50	1047	50	469	—	234	50	703	50	1172	50
420	—	210	—	630	—	1050	—	470	—	235	—	705	—	1175	—
421	—	210	50	631	50	1052	50	471	—	235	50	706	50	1177	50
422	—	211	—	633	—	1055	—	472	—	236	—	708	—	1180	—
423	—	211	50	634	50	1057	50	473	—	236	50	709	50	1182	50
424	—	212	—	636	—	1060	—	474	—	237	—	711	—	1185	—
425	—	212	50	637	50	1062	50	475	—	237	50	712	50	1187	50
426	—	213	—	639	—	1065	—	476	—	238	—	714	—	1190	—
427	—	213	50	640	50	1067	50	477	—	238	50	715	50	1192	50
428	—	214	—	642	—	1070	—	478	—	239	—	717	—	1195	—
429	—	214	50	643	50	1072	50	479	—	239	50	718	50	1197	50
430	—	215	—	645	—	1075	—	480	—	240	—	720	—	1200	—
431	—	215	50	646	50	1077	50	481	—	240	50	721	50	1202	50
432	—	216	—	648	—	1080	—	482	—	241	—	723	—	1205	—
433	—	216	50	649	50	1082	50	483	—	241	50	724	50	1207	50
434	—	217	—	651	—	1085	—	484	—	242	—	726	—	1210	—
435	—	217	50	652	50	1087	50	485	—	242	50	727	50	1212	50
436	—	218	—	654	—	1090	—	486	—	243	—	729	—	1215	—
437	—	218	50	655	50	1092	50	487	—	243	50	730	50	1217	50
438	—	219	—	657	—	1095	—	488	—	244	—	732	—	1220	—
439	—	219	50	658	50	1097	50	489	—	244	50	733	50	1222	50
440	—	220	—	660	—	1100	—	490	—	245	—	735	—	1225	—
441	—	220	50	661	50	1102	50	491	—	245	50	736	50	1227	50
442	—	221	—	663	—	1105	—	492	—	246	—	738	—	1230	—
443	—	221	50	664	50	1107	50	493	—	246	50	739	50	1232	50
444	—	222	—	666	—	1110	—	494	—	247	—	741	—	1235	—
445	—	222	50	667	50	1112	50	495	—	247	50	742	50	1237	50
446	—	223	—	669	—	1115	—	496	—	248	—	744	—	1240	—
447	—	223	50	670	50	1117	50	497	—	248	50	745	50	1242	50
448	—	224	—	672	—	1120	—	498	—	249	—	747	—	1245	—
449	—	224	50	673	50	1122	50	499	—	249	50	748	50	1247	50
450	—	225	—	675	—	1125	—	500	—	250	—	750	—	1250	—

1—99 *Pf.*

Einfache Steuer		Die Hälfte		1½ fach		2½ fach		Einfache Steuer		Die Hälfte		1½ fach		2½ fach	
ℳ	₰	ℳ	₰	ℳ	₰	ℳ	₰	ℳ	₰	ℳ	₰	ℳ	₰	ℳ	₰
—	01	—	00^5	—	01^5	—	02^5	—	51	—	25^5	—	76^5	1	27^5
—	02	—	01	—	03	—	05	—	52	—	26	—	78	1	30
—	03	—	01^5	—	04^5	—	07^5	—	53	—	26^5	—	79^5	1	32^5
—	04	—	02	—	06	—	10	—	54	—	27	—	81	1	35
—	05	—	02^5	—	07^5	—	12^5	—	55	—	27^5	—	82^5	1	37^5
—	06	—	03	—	09	—	15	—	56	—	28	—	84	1	40
—	07	—	03^5	—	10^5	—	17^5	—	57	—	28^5	—	85^5	1	42^5
—	08	—	04	—	12	—	20	—	58	—	29	—	87	1	45
—	09	—	04^5	—	13^5	—	22^5	—	59	—	29^5	—	88^5	1	47^5
—	10	—	05	—	15	—	25	—	60	—	30	—	90	1	50
—	11	—	05^5	—	16^5	—	27^5	—	61	—	30^5	—	91^5	1	52^5
—	12	—	06	—	18	—	30	—	62	—	31	—	93	1	55
—	13	—	06^5	—	19^5	—	32^5	—	63	—	31^5	—	94^5	1	57^5
—	14	—	07	—	21	—	35	—	64	—	32	—	96	1	60
—	15	—	07^5	—	22^5	—	37^5	—	65	—	32^5	—	97^5	1	62^5
—	16	—	08	—	24	—	40	—	66	—	33	—	99	1	65
—	17	—	08^5	—	25^5	—	42^5	—	67	—	33^5	1	00^5	1	67^5
—	18	—	09	—	27	—	45	—	68	—	34	1	02	1	70
—	19	—	09^5	—	28^5	—	47^5	—	69	—	34^5	1	03^5	1	72^5
—	20	—	10	—	30	—	50	—	70	—	35	1	05	1	75
—	21	—	10^5	—	31^5	—	52^5	—	71	—	35^5	1	06^5	1	77^5
—	22	—	11	—	33	—	55	—	72	—	36	1	08	1	80
—	23	—	11^5	—	34^5	—	57^5	—	73	—	36^5	1	09^5	1	82^5
—	24	—	12	—	36	—	60	—	74	—	37	1	11	1	85
—	25	—	12^5	—	37^5	—	62^5	—	75	—	37^5	1	12^5	1	87^5
—	26	—	13	—	39	—	65	—	76	—	38	1	14	1	90
—	27	—	13^5	—	40^5	—	67^5	—	77	—	38^5	1	15^5	1	92^5
—	28	—	14	—	42	—	70	—	78	—	39	1	17	1	95
—	29	—	14^5	—	43^5	—	72^5	—	79	—	39^5	1	18^5	1	97^5
—	30	—	15	—	45	—	75	—	80	—	40	1	20	2	00
—	31	—	15^5	—	46^5	—	77^5	—	81	—	40^5	1	21^5	2	02^5
—	32	—	16	—	48	—	80	—	82	—	41	1	23	2	05
—	33	—	16^5	—	49^5	—	82^5	—	83	—	41^5	1	24^5	2	07^5
—	34	—	17	—	51	—	85	—	84	—	42	1	26	2	10
—	35	—	17^5	—	52^5	—	87^5	—	85	—	42^5	1	27^5	2	12^5
—	36	—	18	—	54	—	90	—	86	—	43	1	29	2	15
—	37	—	18^5	—	55^5	—	92^5	—	87	—	43^5	1	30^5	2	17^5
—	38	—	19	—	57	—	95	—	88	—	44	1	32	2	20
—	39	—	19^5	—	58^5	—	97^5	—	89	—	44^5	1	33^5	2	22^5
—	40	—	20	—	60	1	00	—	90	—	45	1	35	2	25
—	41	—	20^5	—	61^5	1	02^5	—	91	—	45^5	1	36^5	2	27^5
—	42	—	21	—	63	1	05	—	92	—	46	1	38	2	30
—	43	—	21^5	—	64^5	1	07^5	—	93	—	46^5	1	39^5	2	32^5
—	44	—	22	—	66	1	10	—	94	—	47	1	41	2	35
—	45	—	22^5	—	67^5	1	12^5	—	95	—	47^5	1	42^5	2	37^5
—	46	—	23	—	69	1	15	—	96	—	48	1	44	2	40
—	47	—	23^5	—	70^5	1	17^5	—	97	—	48^5	1	45^5	2	42^5
—	48	—	24	—	72	1	20	—	98	—	49	1	47	2	45
—	49	—	24^5	—	73^5	1	22^5	—	99	—	49^5	1	48^5	2	47^5
—	50	—	25	—	75	1	25	—							

501—600 *M.*

Einfache Steuer		Die Hälfte		1½ fach		2½ fach		Einfache Steuer		Die Hälfte		1½ fach		2½ fach	
M	₰	M	₰	M	₰	M	₰	M	₰	M	₰	M	₰	M	₰
501	—	250	50	751	50	1252	50	551	—	275	50	826	50	1377	50
502	—	251	—	753	—	1255	—	552	—	276	—	828	—	1380	—
503	—	251	50	754	50	1257	50	553	—	276	50	829	50	1382	50
504	—	252	—	756	—	1260	—	554	—	277	—	831	—	1385	—
505	—	252	50	757	50	1262	50	555	—	277	50	832	50	1387	50
506	—	253	—	759	—	1265	—	556	—	278	—	834	—	1390	—
507	—	253	50	760	50	1267	50	557	—	278	50	835	50	1392	50
508	—	254	—	762	—	1270	—	558	—	279	—	837	—	1395	—
509	—	254	50	763	50	1272	50	559	—	279	50	838	50	1397	50
510	—	255	—	765	—	1275	—	560	—	280	—	840	—	1400	—
511	—	255	50	766	50	1277	50	561	—	280	50	841	50	1402	50
512	—	256	—	768	—	1280	—	562	—	281	—	843	—	1405	—
513	—	256	50	769	50	1282	50	563	—	281	50	844	50	1407	50
514	—	257	—	771	—	1285	—	564	—	282	—	846	—	1410	—
515	—	257	50	772	50	1287	50	565	—	282	50	847	50	1412	50
516	—	258	—	774	—	1290	—	566	—	283	—	849	—	1415	—
517	—	258	50	775	50	1292	50	567	—	283	50	850	50	1417	50
518	—	259	—	777	—	1295	—	568	—	284	—	852	—	1420	—
519	—	259	50	778	50	1297	50	569	—	284	50	853	50	1422	50
520	—	260	—	780	—	1300	—	570	—	285	—	855	—	1425	—
521	—	260	50	781	50	1302	50	571	—	285	50	856	50	1427	50
522	—	261	—	783	—	1305	—	572	—	286	—	858	—	1430	—
523	—	261	50	784	50	1307	50	573	—	286	50	859	50	1432	50
524	—	262	—	786	—	1310	—	574	—	287	—	861	—	1435	—
525	—	262	50	787	50	1312	50	575	—	287	50	862	50	1437	50
526	—	263	—	789	—	1315	—	576	—	288	—	864	—	1440	—
527	—	263	50	790	50	1317	50	577	—	288	50	865	50	1442	50
528	—	264	—	792	—	1320	—	578	—	289	—	867	—	1445	—
529	—	264	50	793	50	1322	50	579	—	289	50	868	50	1447	50
530	—	265	—	795	—	1325	—	580	—	290	—	870	—	1450	—
531	—	265	50	796	50	1327	50	581	—	290	50	871	50	1452	50
532	—	266	—	798	—	1330	—	582	—	291	—	873	—	1455	—
533	—	266	50	799	50	1332	50	583	—	291	50	874	50	1457	50
534	—	267	—	801	—	1335	—	584	—	292	—	876	—	1460	—
535	—	267	50	802	50	1337	50	585	—	292	50	877	50	1462	50
536	—	268	—	804	—	1340	—	586	—	293	—	879	—	1465	—
537	—	268	50	805	50	1342	50	587	—	293	50	880	50	1467	50
538	—	269	—	807	—	1345	—	588	—	294	—	882	—	1470	—
539	—	269	50	808	50	1347	50	589	—	294	50	883	50	1472	50
540	—	270	—	810	—	1350	—	590	—	295	—	885	—	1475	—
541	—	270	50	811	50	1352	50	591	—	295	50	886	50	1477	50
542	—	271	—	813	—	1355	—	592	—	296	—	888	—	1480	—
543	—	271	50	814	50	1357	50	593	—	296	50	889	50	1482	50
544	—	272	—	816	—	1360	—	594	—	297	—	891	—	1485	—
545	—	272	50	817	50	1362	50	595	—	297	50	892	50	1487	50
546	—	273	—	819	—	1365	—	596	—	298	—	894	—	1490	—
547	—	273	50	820	50	1367	50	597	—	298	50	895	50	1492	50
548	—	274	—	822	—	1370	—	598	—	299	—	897	—	1495	—
549	—	274	50	823	50	1372	50	599	—	299	50	898	50	1497	50
550	—	275	—	825	—	1375	—	600	—	300	—	900	—	1500	—

1—99 *Pf.*

Einfache Steuer		Die Hälfte		1½ fach		2½ fach		Einfache Steuer		Die Hälfte		1½ fach		2½ fach	
ℳ	₰	ℳ	₰	ℳ	₰	ℳ	₰	ℳ	₰	ℳ	₰	ℳ	₰	ℳ	₰
—	01	—	00^5	—	01^5	—	02^5	—	51	—	25^5	—	76^5	1	27^5
—	02	—	01	—	03	—	05	—	52	—	26	—	78	1	30
—	03	—	01^5	—	04^5	—	07^5	—	53	—	26^5	—	79^5	1	32^5
—	04	—	02	—	06	—	10	—	54	—	27	—	81	1	35
—	05	—	02^5	—	07^5	—	12^5	—	55	—	27^5	—	82^5	1	37^5
—	06	—	03	—	09	—	15	—	56	—	28	—	84	1	40
—	07	—	03^5	—	10^5	—	17^5	—	57	—	28^5	—	85^5	1	42^5
—	08	—	04	—	12	—	20	—	58	—	29	—	87	1	45
—	09	—	04^5	—	13^5	—	22^5	—	59	—	29^5	—	88^5	1	47^5
—	10	—	05	—	15	—	25	—	60	—	30	—	90	1	50
—	11	—	05^5	—	16^5	—	27^5	—	61	—	30^5	—	91^5	1	52^5
—	12	—	06	—	18	—	30	—	62	—	31	—	93	1	55
—	13	—	06^5	—	19^5	—	32^5	—	63	—	31^5	—	94^5	1	57^5
—	14	—	07	—	21	—	35	—	64	—	32	—	96	1	60
—	15	—	07^5	—	22^5	—	37^5	—	65	—	32^5	—	97^5	1	62^5
—	16	—	08	—	24	—	40	—	66	—	33	—	99	1	65
—	17	—	08^5	—	25^5	—	42^5	—	67	—	33^5	1	00^5	1	67^5
—	18	—	09	—	27	—	45	—	68	—	34	1	02	1	70
—	19	—	09^5	—	28^5	—	47^5	—	69	—	34^5	1	03^5	1	72^5
—	20	—	10	—	30	—	50	—	70	—	35	1	05	1	75
—	21	—	10^5	—	31^5	—	52^5	—	71	—	35^5	1	06^5	1	77^5
—	22	—	11	—	33	—	55	—	72	—	36	1	08	1	80
—	23	—	11^5	—	34^5	—	57^5	—	73	—	36^5	1	09^5	1	82^5
—	24	—	12	—	36	—	60	—	74	—	37	1	11	1	85
—	25	—	12^5	—	37^5	—	62^5	—	75	—	37^5	1	12^5	1	87^5
—	26	—	13	—	39	—	65	—	76	—	38	1	14	1	90
—	27	—	13^5	—	40^5	—	67^5	—	77	—	38^5	1	15^5	1	92^5
—	28	—	14	—	42	—	70	—	78	—	39	1	17	1	95
—	29	—	14^5	—	43^5	—	72^5	—	79	—	39^5	1	18^5	1	97^5
—	30	—	15	—	45	—	75	—	80	—	40	1	20	2	00
—	31	—	15^5	—	46^5	—	77^5	—	81	—	40^5	1	21^5	2	02^5
—	32	—	16	—	48	—	80	—	82	—	41	1	23	2	05
—	33	—	16^5	—	49^5	—	82^5	—	83	—	41^5	1	24^5	2	07^5
—	34	—	17	—	51	—	85	—	84	—	42	1	26	2	10
—	35	—	17^5	—	52^5	—	87^5	—	85	—	42^5	1	27^5	2	12^5
—	36	—	18	—	54	—	90	—	86	—	43	1	29	2	15
—	37	—	18^5	—	55^5	—	92^5	—	87	—	43^5	1	30^5	2	17^5
—	38	—	19	—	57	—	95	—	88	—	44	1	32	2	20
—	39	—	19^5	—	58^5	—	97^5	—	89	—	44^5	1	33^5	2	22^5
—	40	—	20	—	60	1	00	—	90	—	45	1	35	2	25
—	41	—	20^5	—	61^5	1	02^5	—	91	—	45^5	1	36^5	2	27^5
—	42	—	21	—	63	1	05	—	92	—	46	1	38	2	30
—	43	—	21^5	—	64^5	1	07^5	—	93	—	46^5	1	39^5	2	32^5
—	44	—	22	—	66	1	10	—	94	—	47	1	41	2	35
—	45	—	22^5	—	67^5	1	12^5	—	95	—	47^5	1	42^5	2	37^5
—	46	—	23	—	69	1	15	—	96	—	48	1	44	2	40
—	47	—	23^5	—	70^5	1	17^5	—	97	—	48^5	1	45^5	2	42^5
—	48	—	24	—	72	1	20	—	98	—	49	1	47	2	45
—	49	—	24^5	—	73^5	1	22^5	—	99	—	49^5	1	48^5	2	47^5
—	50	—	25	—	75	1	25	—							

601—700 *M.*

Einfache Steuer		Die Hälfte		1½ fach		2½ fach		Einfache Steuer		Die Hälfte		1½ fach		2½ fach	
M	₰	M	₰	M	₰	M	₰	M	₰	M	₰	M	₰	M	₰
601	—	300	50	901	50	1502	50	**651**	—	325	50	976	50	1627	50
602	—	301	—	903	—	1505	—	**652**	—	326	—	978	—	1630	—
603	—	301	50	904	50	1507	50	**653**	—	326	50	979	50	1632	50
604	—	302	—	906	—	1510	—	**654**	—	327	—	981	—	1635	—
605	—	302	50	907	50	1512	50	**655**	—	327	50	982	50	1637	50
606	—	303	—	909	—	1515	—	**656**	—	328	—	984	—	1640	—
607	—	303	50	910	50	1517	50	**657**	—	328	50	985	50	1642	50
608	—	304	—	912	—	1520	—	**658**	—	329	—	987	—	1645	—
609	—	304	50	913	50	1522	50	**659**	—	329	50	988	50	1647	50
610	—	305	—	915	—	1525	—	**660**	—	330	—	990	—	1650	—
611	—	305	50	916	50	1527	50	**661**	—	330	50	991	50	1652	50
612	—	306	—	918	—	1530	—	**662**	—	331	—	993	—	1655	—
613	—	306	50	919	50	1532	50	**663**	—	331	50	994	50	1657	50
614	—	307	—	921	—	1535	—	**664**	—	332	—	996	—	1660	—
615	—	307	50	922	50	1537	50	**665**	—	332	50	997	50	1662	50
616	—	308	—	924	—	1540	—	**666**	—	333	—	999	—	1665	—
617	—	308	50	925	50	1542	50	**667**	—	333	50	1000	50	1667	50
618	—	309	—	927	—	1545	—	**668**	—	334	—	1002	—	1670	—
619	—	309	50	928	50	1547	50	**669**	—	334	50	1003	50	1672	50
620	—	310	—	930	—	1550	—	**670**	—	335	—	1005	—	1675	—
621	—	310	50	931	50	1552	50	**671**	—	335	50	1006	50	1677	50
622	—	311	—	933	—	1555	—	**672**	—	336	—	1008	—	1680	—
623	—	311	50	934	50	1557	50	**673**	—	336	50	1009	50	1682	50
624	—	312	—	936	—	1560	—	**674**	—	337	—	1011	—	1685	—
625	—	312	50	937	50	1562	50	**675**	—	337	50	1012	50	1687	50
626	—	313	—	939	—	1565	—	**676**	—	338	—	1014	—	1690	—
627	—	313	50	940	50	1567	50	**677**	—	338	50	1015	50	1692	50
628	—	314	—	942	—	1570	—	**678**	—	339	—	1017	—	1695	—
629	—	314	50	943	50	1572	50	**679**	—	339	50	1018	50	1697	50
630	—	315	—	945	—	1575	—	**680**	—	340	—	1020	—	1700	—
631	—	315	50	946	50	1577	50	**681**	—	340	50	1021	50	1702	50
632	—	316	—	948	—	1580	—	**682**	—	341	—	1023	—	1705	—
633	—	316	50	949	50	1582	50	**683**	—	341	50	1024	50	1707	50
634	—	317	—	951	—	1585	—	**684**	—	342	—	1026	—	1710	—
635	—	317	50	952	50	1587	50	**685**	—	342	50	1027	50	1712	50
636	—	318	—	954	—	1590	—	**686**	—	343	—	1029	—	1715	—
637	—	318	50	955	50	1592	50	**687**	—	343	50	1030	50	1717	50
638	—	319	—	957	—	1595	—	**688**	—	344	—	1032	—	1720	—
639	—	319	50	958	50	1597	50	**689**	—	344	50	1033	50	1722	50
640	—	320	—	960	—	1600	—	**690**	—	345	—	1035	—	1725	—
641	—	320	50	961	50	1602	50	**691**	—	345	50	1036	50	1727	50
642	—	321	—	963	—	1605	—	**692**	—	346	—	1038	—	1730	—
643	—	321	50	964	50	1607	50	**693**	—	346	50	1039	50	1732	50
644	—	322	—	966	—	1610	—	**694**	—	347	—	1041	—	1735	—
645	—	322	50	967	50	1612	50	**695**	—	347	50	1042	50	1737	50
646	—	323	—	969	—	1615	—	**696**	—	348	—	1044	—	1740	—
647	—	323	50	970	50	1617	50	**697**	—	348	50	1045	50	1742	50
648	—	324	—	972	—	1620	—	**698**	—	349	—	1047	—	1745	—
649	—	324	50	973	50	1622	50	**699**	—	349	50	1048	50	1747	50
650	—	325	—	975	—	1625	—	**700**	—	350	—	1050	—	1750	—

1—99 *Pf.*

Einfache Steuer		Die Hälfte		1½ fach		2½ fach		Einfache Steuer		Die Hälfte		1½ fach		2½ fach	
ℳ	₰	ℳ	₰	ℳ	₰	ℳ	₰	ℳ	₰	ℳ	₰	ℳ	₰	ℳ	₰
—	01	—	00^5	—	01^5	—	02^5	—	51	—	25^5	—	76^5	1	27^5
—	02	—	01	—	03	—	05	—	52	—	26	—	78	1	30
—	03	—	01^5	—	04^5	—	07^5	—	53	—	26^5	—	79^5	1	32^5
—	04	—	02	—	06	—	10	—	54	—	27	—	81	1	35
—	05	—	02^5	—	07^5	—	12^5	—	55	—	27^5	—	82^5	1	37^5
—	06	—	03	—	09	—	15	—	56	—	28	—	84	1	40
—	07	—	03^5	—	10^5	—	17^5	—	57	—	28^5	—	85^5	1	42^5
—	08	—	04	—	12	—	20	—	58	—	29	—	87	1	45
—	09	—	04^5	—	13^5	—	22^5	—	59	—	29^5	—	88^5	1	47^5
—	10	—	05	—	15	—	25	—	60	—	30	—	90	1	50
—	11	—	05^5	—	16^5	—	27^5	—	61	—	30^5	—	91^5	1	52^5
—	12	—	06	—	18	—	30	—	62	—	31	—	93	1	55
—	13	—	06^5	—	19^5	—	32^5	—	63	—	31^5	—	94^5	1	57^5
—	14	—	07	—	21	—	35	—	64	—	32	—	96	1	60
—	15	—	07^5	—	22^5	—	37^5	—	65	—	32^5	—	97^5	1	62^5
—	16	—	08	—	24	—	40	—	66	—	33	—	99	1	65
—	17	—	08^5	—	25^5	—	42^5	—	67	—	33^5	1	00^5	1	67^5
—	18	—	09	—	27	—	45	—	68	—	34	1	02	1	70
—	19	—	09^5	—	28^5	—	47^5	—	69	—	34^5	1	03^5	1	72^5
—	20	—	10	—	30	—	50	—	70	—	35	1	05	1	75
—	21	—	10^5	—	31^5	—	52^5	—	71	—	35^5	1	06^5	1	77^5
—	22	—	11	—	33	—	55	—	72	—	36	1	08	1	80
—	23	—	11^5	—	34^5	—	57^5	—	73	—	36^5	1	09^5	1	82^5
—	24	—	12	—	36	—	60	—	74	—	37	1	11	1	85
—	25	—	12^5	—	37^5	—	62^5	—	75	—	37^5	1	12^5	1	87^5
—	26	—	13	—	39	—	65	—	76	—	38	1	14	1	90
—	27	—	13^5	—	40^5	—	67^5	—	77	—	38^5	1	15^5	1	92^5
—	28	—	14	—	42	—	70	—	78	—	39	1	17	1	95
—	29	—	14^5	—	43^5	—	72^5	—	79	—	39^5	1	18^5	1	97^5
—	30	—	15	—	45	—	75	—	80	—	40	1	20	2	00
—	31	—	15^5	—	46^5	—	77^5	—	81	—	40^5	1	21^5	2	02^5
—	32	—	16	—	48	—	80	—	82	—	41	1	23	2	05
—	33	—	16^5	—	49^5	—	82^5	—	83	—	41^5	1	24^5	2	07^5
—	34	—	17	—	51	—	85	—	84	—	42	1	26	2	10
—	35	—	17^5	—	52^5	—	87^5	—	85	—	42^5	1	27^5	2	12^5
—	36	—	18	—	54	—	90	—	86	—	43	1	29	2	15
—	37	—	18^5	—	55^5	—	92^5	—	87	—	43^5	1	30^5	2	17^5
—	38	—	19	—	57	—	95	—	88	—	44	1	32	2	20
—	39	—	19^5	—	58^5	—	97^5	—	89	—	44^5	1	33^5	2	22^5
—	40	—	20	—	60	1	00	—	90	—	45	1	35	2	25
—	41	—	20^5	—	61^5	1	02^5	—	91	—	45^5	1	36^5	2	27^5
—	42	—	21	—	63	1	05	—	92	—	46	1	38	2	30
—	43	—	21^5	—	64^5	1	07^5	—	93	—	46^5	1	39^5	2	32^5
—	44	—	22	—	66	1	10	—	94	—	47	1	41	2	35
—	45	—	22^5	—	67^5	1	12^5	—	95	—	47^5	1	42^5	2	37^5
—	46	—	23	—	69	1	15	—	96	—	48	1	44	2	40
—	47	—	23^5	—	70^5	1	17^5	—	97	—	48^5	1	45^5	2	42^5
—	48	—	24	—	72	1	20	—	98	—	49	1	47	2	45
—	49	—	24^5	—	73^5	1	22^5	—	99	—	49^5	1	48^5	2	47^5
—	50	—	25	—	75	1	25	—							

701—800 *M.*

Einfache Steuer		Die Hälfte		1½ fach		2½ fach		Einfache Steuer		Die Hälfte		1½ fach		2½ fach	
M	*Pf*	*M*	*Pf*	*M*	*Pf*	*M*	*Pf*	*M*	*Pf*	*M*	*Pf*	*M*	*Pf*	*M*	*Pf*
701	—	350	50	1051	50	1752	50	**751**	—	375	50	1126	50	1877	50
702	—	351	—	1053	—	1755	—	**752**	—	376	—	1128	—	1880	—
703	—	351	50	1054	50	1757	50	**753**	—	376	50	1129	50	1882	50
704	—	352	—	1056	—	1760	—	**754**	—	377	—	1131	—	1885	—
705	—	352	50	1057	50	1762	50	**755**	—	377	50	1132	50	1887	50
706	—	353	—	1059	—	1765	—	**756**	—	378	—	1134	—	1890	—
707	—	353	50	1060	50	1767	50	**757**	—	378	50	1135	50	1892	50
708	—	354	—	1062	—	1770	—	**758**	—	379	—	1137	—	1895	—
709	—	354	50	1063	50	1772	50	**759**	—	379	50	1138	50	1897	50
710	—	355	—	1065	—	1775	—	**760**	—	380	—	1140	—	1900	—
711	—	355	50	1066	50	1777	50	**761**	—	380	50	1141	50	1902	50
712	—	356	—	1068	—	1780	—	**762**	—	381	—	1143	—	1905	—
713	—	356	50	1069	50	1782	50	**763**	—	381	50	1144	50	1907	50
714	—	357	—	1071	—	1785	—	**764**	—	382	—	1146	—	1910	—
715	—	357	50	1072	50	1787	50	**765**	—	382	50	1147	50	1912	50
716	—	358	—	1074	—	1790	—	**766**	—	383	—	1149	—	1915	—
717	—	358	50	1075	50	1792	50	**767**	—	383	50	1150	50	1917	50
718	—	359	—	1077	—	1795	—	**768**	—	384	—	1152	—	1920	—
719	—	359	50	1078	50	1797	50	**769**	—	384	50	1153	50	1922	50
720	—	360	—	1080	—	1800	—	**770**	—	385	—	1155	—	1925	—
721	—	360	50	1081	50	1802	50	**771**	—	385	50	1156	50	1927	50
722	—	361	—	1083	—	1805	—	**772**	—	386	—	1158	—	1930	—
723	—	361	50	1084	50	1807	50	**773**	—	386	50	1159	50	1932	50
724	—	362	—	1086	—	1810	—	**774**	—	387	—	1161	—	1935	—
725	—	362	50	1087	50	1812	50	**775**	—	387	50	1162	50	1937	50
726	—	363	—	1089	—	1815	—	**776**	—	388	—	1164	—	1940	—
727	—	363	50	1090	50	1817	50	**777**	—	388	50	1165	50	1942	50
728	—	364	—	1092	—	1820	—	**778**	—	389	—	1167	—	1945	—
729	—	364	50	1093	50	1822	50	**779**	—	389	50	1168	50	1947	50
730	—	365	—	1095	—	1825	—	**780**	—	390	—	1170	—	1950	—
731	—	365	50	1096	50	1827	50	**781**	—	390	50	1171	50	1952	50
732	—	366	—	1098	—	1830	—	**782**	—	391	—	1173	—	1955	—
733	—	366	50	1099	50	1832	50	**783**	—	391	50	1174	50	1957	50
734	—	367	—	1101	—	1835	—	**784**	—	392	—	1176	—	1960	—
735	—	367	50	1102	50	1837	50	**785**	—	392	50	1177	50	1962	50
736	—	368	—	1104	—	1840	—	**786**	—	393	—	1179	—	1965	—
737	—	368	50	1105	50	1842	50	**787**	—	393	50	1180	50	1967	50
738	—	369	—	1107	—	1845	—	**788**	—	394	—	1182	—	1970	—
739	—	369	50	1108	50	1847	50	**789**	—	394	50	1183	50	1972	50
740	—	370	—	1110	—	1850	—	**790**	—	395	—	1185	—	1975	—
741	—	370	50	1111	50	1852	50	**791**	—	395	50	1186	50	1977	50
742	—	371	—	1113	—	1855	—	**792**	—	396	—	1188	—	1980	—
743	—	371	50	1114	50	1857	50	**793**	—	396	50	1189	50	1982	50
744	—	372	—	1116	—	1860	—	**794**	—	397	—	1191	—	1985	—
745	—	372	50	1117	50	1862	50	**795**	—	397	50	1192	50	1987	50
746	—	373	—	1119	—	1865	—	**796**	—	398	—	1194	—	1990	—
747	—	373	50	1120	50	1867	50	**797**	—	398	50	1195	50	1992	50
748	—	374	—	1122	—	1870	—	**798**	—	399	—	1197	—	1995	—
749	—	374	50	1123	50	1872	50	**799**	—	399	50	1198	50	1997	50
750	—	375	—	1125	—	1875	—	**800**	—	400	—	1200	—	2000	—

1—99 *Pf.*

Einfache Steuer		Die Hälfte		1½ fach		2½ fach		Einfache Steuer		Die Hälfte		1½ fach		2½ fach	
ℳ	₰	ℳ	₰	ℳ	₰	ℳ	₰	ℳ	₰	ℳ	₰	ℳ	₰	ℳ	₰
—	01	—	00^5	—	01^5	—	02^5	—	51	—	25^5	—	76^5	1	27^5
—	02	—	01	—	03	—	05	—	52	—	26	—	78	1	30
—	03	—	01^5	—	04^5	—	07^5	—	53	—	26^5	—	79^5	1	32^5
—	04	—	02	—	06	—	10	—	54	—	27	—	81	1	35
—	05	—	02^5	—	07^5	—	12^5	—	55	—	27^5	—	82^5	1	37^5
—	06	—	03	—	09	—	15	—	56	—	28	—	84	1	40
—	07	—	03^5	—	10^5	—	17^5	—	57	—	28^5	—	85^5	1	42^5
—	08	—	04	—	12	—	20	—	58	—	29	—	87	1	45
—	09	—	04^5	—	13^5	—	22^5	—	59	—	29^5	—	88^5	1	47^5
—	10	—	05	—	15	—	25	—	60	—	30	—	90	1	50
—	11	—	05^5	—	16^5	—	27^5	—	61	—	30^5	—	91^5	1	52^5
—	12	—	06	—	18	—	30	—	62	—	31	—	93	1	55
—	13	—	06^5	—	19^5	—	32^5	—	63	—	31^5	—	94^5	1	57^5
—	14	—	07	—	21	—	35	—	64	—	32	—	96	1	60
—	15	—	07^5	—	22^5	—	37^5	—	65	—	32^5	—	97^5	1	62^5
—	16	—	08	—	24	—	40	—	66	—	33	—	99	1	65
—	17	—	08^5	—	25^5	—	42^5	—	67	—	33^5	1	00^5	1	67^5
—	18	—	09	—	27	—	45	—	68	—	34	1	02	1	70
—	19	—	09^5	—	28^5	—	47^5	—	69	—	34^5	1	03^5	1	72^5
—	20	—	10	—	30	—	50	—	70	—	35	1	05	1	75
—	21	—	10^5	—	31^5	—	52^5	—	71	—	35^5	1	06^5	1	77^5
—	22	—	11	—	33	—	55	—	72	—	36	1	08	1	80
—	23	—	11^5	—	34^5	—	57^5	—	73	—	36^5	1	09^5	1	82^5
—	24	—	12	—	36	—	60	—	74	—	37	1	11	1	85
—	25	—	12^5	—	37^5	—	62^5	—	75	—	37^5	1	12^5	1	87^5
—	26	—	13	—	39	—	65	—	76	—	38	1	14	1	90
—	27	—	13^5	—	40^5	—	67^5	—	77	—	38^5	1	15^5	1	92^5
—	28	—	14	—	42	—	70	—	78	—	39	1	17	1	95
—	29	—	14^5	—	43^5	—	72^5	—	79	—	39^5	1	18^5	1	97^5
—	30	—	15	—	45	—	75	—	80	—	40	1	20	2	00
—	31	—	15^5	—	46^5	—	77^5	—	81	—	40^5	1	21^5	2	02^5
—	32	—	16	—	48	—	80	—	82	—	41	1	23	2	05
—	33	—	16^5	—	49^5	—	82^5	—	83	—	41^5	1	24^5	2	07^5
—	34	—	17	—	51	—	85	—	84	—	42	1	26	2	10
—	35	—	17^5	—	52^5	—	87^5	—	85	—	42^5	1	27^5	2	12^5
—	36	—	18	—	54	—	90	—	86	—	43	1	29	2	15
—	37	—	18^5	—	55^5	—	92^5	—	87	—	43^5	1	30^5	2	17^5
—	38	—	19	—	57	—	95	—	88	—	44	1	32	2	20
—	39	—	19^5	—	58^5	—	97^5	—	89	—	44^5	1	33^5	2	22^5
—	40	—	20	—	60	1	00	—	90	—	45	1	35	2	25
—	41	—	20^5	—	61^5	1	02^5	—	91	—	45^5	1	36^5	2	27^5
—	42	—	21	—	63	1	05	—	92	—	46	1	38	2	30
—	43	—	21^5	—	64^5	1	07^5	—	93	—	46^5	1	39^5	2	32^5
—	44	—	22	—	66	1	10	—	94	—	47	1	41	2	35
—	45	—	22^5	—	67^5	1	12^5	—	95	—	47^5	1	42^5	2	37^5
—	46	—	23	—	69	1	15	—	96	—	48	1	44	2	40
—	47	—	23^5	—	70^5	1	17^5	—	97	—	48^5	1	45^5	2	42^5
—	48	—	24	—	72	1	20	—	98	—	49	1	47	2	45
—	49	—	24^5	—	73^5	1	22^5	—	99	—	49^5	1	48^5	2	47^5
—	50	—	25	—	75	1	25	—							

801—900 *M.*

Einfache Steuer		Die Hälfte		1½fach		2½fach		Einfache Steuer		Die Hälfte		1½fach		2½fach	
M	₰	M	₰	M	₰	M	₰	M	₰	M	₰	M	₰	M	₰
801	—	400	50	1201	50	2002	50	851	—	425	50	1276	50	2127	50
802	—	401	—	1203	—	2005	—	852	—	426	—	1278	—	2130	—
803	—	401	50	1204	50	2007	50	853	—	426	50	1279	50	2132	50
804	—	402	—	1206	—	2010	—	854	—	427	—	1281	—	2135	—
805	—	402	50	1207	50	2012	50	855	—	427	50	1282	50	2137	50
806	—	403	—	1209	—	2015	—	856	—	428	—	1284	—	2140	—
807	—	403	50	1210	50	2017	50	857	—	428	50	1285	50	2142	50
808	—	404	—	1212	—	2020	—	858	—	429	—	1287	—	2145	—
809	—	404	50	1213	50	2022	50	859	—	429	50	1288	50	2147	50
810	—	405	—	1215	—	2025	—	860	—	430	—	1290	—	2150	—
811	—	405	50	1216	50	2027	50	861	—	430	50	1291	50	2152	50
812	—	406	—	1218	—	2030	—	862	—	431	—	1293	—	2155	—
813	—	406	50	1219	50	2032	50	863	—	431	50	1294	50	2157	50
814	—	407	—	1221	—	2035	—	864	—	432	—	1296	—	2160	—
815	—	407	50	1222	50	2037	50	865	—	432	50	1297	50	2162	50
816	—	408	—	1224	—	2040	—	866	—	433	—	1299	—	2165	—
817	—	408	50	1225	50	2042	50	867	—	433	50	1300	50	2167	50
818	—	409	—	1227	—	2045	—	868	—	434	—	1302	—	2170	—
819	—	409	50	1228	50	2047	50	869	—	434	50	1303	50	2172	50
820	—	410	—	1230	—	2050	—	870	—	435	—	1305	—	2175	—
821	—	410	50	1231	50	2052	50	871	—	435	50	1306	50	2177	50
822	—	411	—	1233	—	2055	—	872	—	436	—	1308	—	2180	—
823	—	411	50	1234	50	2057	50	873	—	436	50	1309	50	2182	50
824	—	412	—	1236	—	2060	—	874	—	437	—	1311	—	2185	—
825	—	412	50	1237	50	2062	50	875	—	437	50	1312	50	2187	50
826	—	413	—	1239	—	2065	—	876	—	438	—	1314	—	2190	—
827	—	413	50	1240	50	2067	50	877	—	438	50	1315	50	2192	50
828	—	414	—	1242	—	2070	—	878	—	439	—	1317	—	2195	—
829	—	414	50	1243	50	2072	50	879	—	439	50	1318	50	2197	50
830	—	415	—	1245	—	2075	—	880	—	440	—	1320	—	2200	—
831	—	415	50	1246	50	2077	50	881	—	440	50	1321	50	2202	50
832	—	416	—	1248	—	2080	—	882	—	441	—	1323	—	2205	—
833	—	416	50	1249	50	2082	50	883	—	441	50	1324	50	2207	50
834	—	417	—	1251	—	2085	—	884	—	442	—	1326	—	2210	—
835	—	417	50	1252	50	2087	50	885	—	442	50	1327	50	2212	50
836	—	418	—	1254	—	2090	—	886	—	443	—	1329	—	2215	—
837	—	418	50	1255	50	2092	50	887	—	443	50	1330	50	2217	50
838	—	419	—	1257	—	2095	—	888	—	444	—	1332	—	2220	—
839	—	419	50	1258	50	2097	50	889	—	444	50	1333	50	2222	50
840	—	420	—	1260	—	2100	—	890	—	445	—	1335	—	2225	—
841	—	420	50	1261	50	2102	50	891	—	445	50	1336	50	2227	50
842	—	421	—	1263	—	2105	—	892	—	446	—	1338	—	2230	—
843	—	421	50	1264	50	2107	50	893	—	446	50	1339	50	2232	50
844	—	422	—	1266	-	2110	—	894	—	447	—	1341	—	2235	—
845	—	422	50	1267	50	2112	50	895	—	447	50	1342	50	2237	50
846	—	423	—	1269	—	2115	—	896	—	448	—	1344	—	2240	—
847	—	423	50	1270	50	2117	50	897	—	448	50	1345	50	2242	50
848	—	424	—	1272	—	2120	—	898	—	449	—	1347	—	2245	—
849	—	424	50	1273	50	2122	50	899	—	449	50	1348	50	2247	50
850	—	425	—	1275	—	2125	—	900	—	450	—	1350	—	2250	—

1—99 *Pf.*

Einfache Steuer		Die Hälfte		1½ fach		2½ fach		Einfache Steuer		Die Hälfte		1½ fach		2½ fach	
M	₰	M	₰	M	₰	M	₰	M	₰	M	₰	M	₰	M	₰
—	01	—	00^5	—	01^5	—	02^5	—	51	—	25^5	—	76^5	1	27^5
—	02	—	01	—	03	—	05	—	52	—	26	—	78	1	30
—	03	—	01^5	—	04^5	—	07^5	—	53	—	26^5	—	79^5	1	32^5
—	04	—	02	—	06	—	10	—	54	—	27	—	81	1	35
—	05	—	02^5	—	07^5	—	12^5	—	55	—	27^5	—	82^5	1	37^5
—	06	—	03	—	09	—	15	—	56	—	28	—	84	1	40
—	07	—	03^5	—	10^5	—	17^5	—	57	—	28^5	—	85^5	1	42^5
—	08	—	04	—	12	—	20	—	58	—	29	—	87	1	45
—	09	—	04^5	—	13^5	—	22^5	—	59	—	29^5	—	88^5	1	47^5
—	10	—	05	—	15	—	25	—	60	—	30	—	90	1	50
—	11	—	05^5	—	16^5	—	27^5	—	61	—	30^5	—	91^5	1	52^5
—	12	—	06	—	18	—	30	—	62	—	31	—	93	1	55
—	13	—	06^5	—	19^5	—	32^5	—	63	—	31^5	—	94^5	1	57^5
—	14	—	07	—	21	—	35	—	64	—	32	—	96	1	60
—	15	—	07^5	—	22^5	—	37^5	—	65	—	32^5	—	97^5	1	62^5
—	16	—	08	—	24	—	40	—	66	—	33	—	99	1	65
—	17	—	08^5	—	25^5	—	42^5	—	67	—	33^5	1	00^5	1	67^5
—	18	—	09	—	27	—	45	—	68	—	34	1	02	1	70
—	19	—	09^5	—	28^5	—	47^5	—	69	—	34^5	1	03^5	1	72^5
—	20	—	10	—	30	—	50	—	70	—	35	1	05	1	75
—	21	—	10^5	—	31^5	—	52^5	—	71	—	35^5	1	06^5	1	77^5
—	22	—	11	—	33	—	55	—	72	—	36	1	08	1	80
—	23	—	11^5	—	34^5	—	57^5	—	73	—	36^5	1	09^5	1	82^5
—	24	—	12	—	36	—	60	—	74	—	37	1	11	1	85
—	25	—	12^5	—	37^5	—	62^5	—	75	—	37^5	1	12^5	1	87^5
—	26	—	13	—	39	—	65	—	76	—	38	1	14	1	90
—	27	—	13^5	—	40^5	—	67^5	—	77	—	38^5	1	15^5	1	92^5
—	28	—	14	—	42	—	70	—	78	—	39	1	17	1	95
—	29	—	14^5	—	43^5	—	72^5	—	79	—	39^5	1	18^5	1	97^5
—	30	—	15	—	45	—	75	—	80	—	40	1	20	2	00
—	31	—	15^5	—	46^5	—	77^5	—	81	—	40^5	1	21^5	2	02^5
—	32	—	16	—	48	—	80	—	82	—	41	1	23	2	05
—	33	—	16^5	—	49^5	—	82^5	—	83	—	41^5	1	24^5	2	07^5
—	34	—	17	—	51	—	85	—	84	—	42	1	26	2	10
—	35	—	17^5	—	52^5	—	87^5	—	85	—	42^5	1	27^5	2	12^5
—	36	—	18	—	54	—	90	—	86	—	43	1	29	2	15
—	37	—	18^5	—	55^5	—	92^5	—	87	—	43^5	1	30^5	2	17^5
—	38	—	19	—	57	—	95	—	88	—	44	1	32	2	20
—	39	—	19^5	—	58^5	—	97^5	—	89	—	44^5	1	33^5	2	22^5
—	40	—	20	—	60	1	00	—	90	—	45	1	35	2	25
—	41	—	20^5	—	61^5	1	02^5	—	91	—	45^5	1	36^5	2	27^5
—	42	—	21	—	63	1	05	—	92	—	46	1	38	2	30
—	43	—	21^5	—	64^5	1	07^5	—	93	—	46^5	1	39^5	2	32^5
—	44	—	22	—	66	1	10	—	94	—	47	1	41	2	35
—	45	—	22^5	—	67^5	1	12^5	—	95	—	47^5	1	42^5	2	37^5
—	46	—	23	—	69	1	15	—	96	—	48	1	44	2	40
—	47	—	23^5	—	70^5	1	17^5	—	97	—	48^5	1	45^5	2	42^5
—	48	—	24	—	72	1	20	—	98	—	49	1	47	2	45
—	49	—	24^5	—	73^5	1	22^5	—	99	—	49^5	1	48^5	2	47^5
—	50	—	25	—	75	1	25	—							

901—1000 *M.*

Einfache Steuer ℳ	₰	Die Hälfte ℳ	₰	1½ fach ℳ	₰	2½ fach ℳ	₰	Einfache Steuer ℳ	₰	Die Hälfte ℳ	₰	1½ fach ℳ	₰	2½ fach ℳ	₰
901	—	450	50	1351	50	2252	50	951	—	475	50	1426	50	2377	50
902	—	451	—	1353	—	2255	—	952	—	476	—	1428	—	2380	—
903	—	451	50	1354	50	2257	50	953		476	50	1429	50	2382	50
904	—	452	—	1356	—	2260	—	954	—	477	—	1431	—	2385	—
905	—	452	50	1357	50	2262	50	955	—	477	50	1432	50	2387	50
906	—	453	—	1359	—	2265	—	956	—	478	—	1434	—	2390	—
907	—	453	50	1360	50	2267	50	957	—	478	50	1435	50	2392	50
908	—	454	—	1362	—	2270	—	958	—	479	—	1437	—	2395	—
909	—	454	50	1363	50	2272	50	959	—	479	50	1438	50	2397	50
910	—	455	—	1365	—	2275	—	960	—	480	—	1440	—	2400	—
911	—	455	50	1366	50	2277	50	961	—	480	50	1441	50	2402	50
912	—	456	—	1368	—	2280	—	962	—	481	—	1443	—	2405	—
913	—	456	50	1369	50	2282	50	963	—	481	50	1444	50	2407	50
914	—	457	—	1371	—	2285	—	964	—	482	—	1446	—	2410	—
915	—	457	50	1372	50	2287	50	965	—	482	50	1447	50	2412	50
916	—	458	—	1374	—	2290	—	966	—	483	—	1449	—	2415	—
917	—	458	50	1375	50	2292	50	967	—	483	50	1450	50	2417	50
918	—	459	—	1377	—	2295		968	—	484	—	1452	—	2420	—
919	—	459	50	1378	50	2297	50	969	—	484	50	1453	50	2422	50
920	—	460	—	1380	—	2300	—	970	—	485	—	1455	—	2425	—
921	—	460	50	1381	50	2302	50	971	—	485	50	1456	50	2427	50
922	—	461	—	1383	—	2305	·	972	—	486	—	1458	—	2430	—
923	—	461	50	1384	50	2307	50	973	—	486	50	1459	50	2432	50
924	—	462	—	1386	—	2310		974	—	487	—	1461	—	2435	—
925	—	462	50	1387	50	2312	50	975	—	487	50	1462	50	2437	50
926	—	463	—	1389	—	2315	—	976	—	488	—	1464	—	2440	—
927	—	463	50	1390	50	2317	50	977	—	488	50	1465	50	2442	50
928	—	464	—	1392	—	2320	—	978	—	489	—	1467	—	2445	—
929	—	464	50	1393	50	2322	50	979	—	489	50	1468	50	2447	50
930	—	465	—	1395	—	2325	—	980	—	490	—	1470	—	2450	—
931	—	465	50	1396	50	2327	50	981	—	490	50	1471	50	2452	50
932	—	466	—	1398	—	2330	—	982	—	491	—	1473	—	2455	—
933	—	466	50	1399	50	2332	50	983	—	491	50	1474	50	2457	50
934	—	467	—	1401	—	2335	—	984	—	492	—	1476	—	2460	—
935	—	467	50	1402	50	2337	50	985	—	492	50	1477	50	2462	50
936	—	468	—	1404	—	2340	—	986	—	493	—	1479	—	2465	—
937	—	468	50	1405	50	2342	50	987	—	493	50	1480	50	2467	50
938	—	469	—	1407	—	2345	—	988	—	494	—	1482	—	2470	—
939	—	469	50	1408	50	2347	50	989	—	494	50	1483	50	2472	50
940	—	470	—	1410	—	2350	—	990	—	495	—	1485	—	2475	—
941	—	470	50	1411	50	2352	50	991	·	495	50	1486	50	2477	50
942	—	471	—	1413	—	2355	—	992	—	496	—	1488	—	2480	—
943	—	471	50	1414	50	2357	50	993	—	496	50	1489	50	2482	50
944	—	472	—	1416	—	2360	—	994	—	497	—	1491	—	2485	—
945	—	472	50	1417	50	2362	50	995	—	497	50	1492	50	2487	50
946	—	473	—	1419	—	2365	—	996	—	498	—	1494	—	2490	—
947	—	473	50	1420	50	2367	50	997	—	498	50	1495	50	2492	50
948	—	474	—	1422	—	2370	—	998	—	499	—	1497	—	2495	—
949	—	474	50	1423	50	2372	50	999	—	499	50	1498	50	2497	50
950	—	475	—	1425	—	2375	—	1000	—	500	—	1500	—	2500	—

1—99 *Pf.*

Einfache Steuer		Die Hälfte		1½ fach		2½ fach		Einfache Steuer		Die Hälfte		1½ fach		2½ fach	
M	Pf	M	Pf	M	Pf	M	Pf	M	Pf	M	Pf	M	Pf	M	Pf
—	01	—	00^5	—	01^5	—	02^5	—	51	—	25^5	—	76^5	1	27^5
—	02	—	01	—	03	—	05	—	52	—	26	—	78	1	30
—	03	—	01^5	—	04^5	—	07^5	—	53		26^5	—	79^5	1	32^5
—	04	—	02	—	06	—	10	—	54	—	27	—	81	1	35
—	05	—	02^5	—	07^5	—	12^5	—	55		27^5	—	82^5	1	37^5
—	06	—	03	—	09	—	15	—	56	—	28	—	84	1	40
—	07	—	03^5	—	10^5	—	17^5	—	57	—	28^5	—	85^5	1	42^5
—	08	—	04	—	12	—	20	—	58	—	29	—	87	1	45
—	09	—	04^5	—	13^5	—	22^5	—	59	—	29^5	—	88^5	1	47^5
—	10	—	05	—	15	—	25	—	60	—	30	—	90	1	50
—	11	—	05^5	—	16^5	—	27^5	—	61	—	30^5	—	91^5	1	52^5
—	12	—	06	—	18	—	30	—	62	—	31	—	93	1	55
—	13	—	06^5	—	19^5	—	32^5	—	63	—	31^5	—	94^5	1	57^5
—	14	—	07	—	21	—	35	—	64	—	32	—	96	1	60
—	15	—	07^5	—	22^5	—	37^5	—	65	—	32^5	—	97^5	1	62^5
—	16	—	08	—	24	—	40	—	66	—	33	—	99	1	65
—	17	—	08^5	—	25^5	—	42^5	—	67	—	33^5	1	00^5	1	67^5
—	18	—	09	—	27	—	45	—	68	—	34	1	02	1	70
—	19	—	09^5	—	28^5	—	47^5	—	69	—	34^5	1	03^5	1	72^5
—	20	—	10	—	30	—	50	—	70	—	35	1	05	1	75
—	21	—	10^5	—	31^5	—	52^5	—	71	—	35^5	1	06^5	1	77^5
—	22	—	11	—	33	—	55	—	72	—	36	1	08	1	80
—	23	—	11^5	—	34^5	—	57^5	—	73	—	36^5	1	09^5	1	82^5
—	24	—	12	—	36	—	60	—	74	—	37	1	11	1	85
—	25	—	12^5	—	37^5	—	62^5	—	75	—	37^5	1	12^5	1	87^5
—	26	—	13	—	39	—	65	—	76	—	38	1	14	1	90
—	27	—	13^5	—	40^5	—	67^5	—	77	—	38^5	1	15^5	1	92^5
—	28	—	14	—	42	—	70	—	78	—	39	1	17	1	95
—	29	—	14^5	—	43^5	—	72^5	—	79	—	39^5	1	18^5	1	97^5
—	30	—	15	—	45	—	75	—	80	—	40	1	20	2	00
—	31	—	15^5	—	46^5	—	77^5	—	81	—	40^5	1	21^5	2	02^5
—	32	—	16	—	48	—	80	—	82	—	41	1	23	2	05
—	33	—	16^5	—	49^5	—	82^5	—	83	—	41^5	1	24^5	2	07^5
—	34	—	17	—	51	—	85	—	84	—	42	1	26	2	10
—	35	—	17^5	—	52^5	—	87^5	—	85	—	42^5	1	27^5	2	12^5
—	36	—	18	—	54	—	90	—	86	—	43	1	29	2	15
—	37	—	18^5	—	55^5	—	92^5	—	87	—	43^5	1	30^5	2	17^5
—	38	—	19	—	57	—	95	—	88	—	44	1	32	2	20
—	39	—	19^5	—	58^5	—	97^5	—	89	—	44^5	1	33^5	2	22^5
—	40	—	20	—	60	1	00	—	90	—	45	1	35	2	25
—	41	—	20^5	—	61^5	1	02^5	—	91	—	45^5	1	36^5	2	27^5
—	42	—	21	—	63	1	05	—	92	—	46	1	38	2	30
—	43	—	21^5	—	64^5	1	07^5	—	93	—	46^5	1	39^5	2	32^5
—	44	—	22	—	66	1	10	—	94	—	47	1	41	2	35
—	45	—	22^5	—	67^5	1	12^5	—	95	—	47^5	1	42^5	2	37^5
—	46	—	23	—	69	1	15	—	96	—	48	1	44	2	40
—	47	—	23^5	—	70^5	1	17^5	—	97	—	48^5	1	45^5	2	42^5
—	48	—	24	—	72	1	20	—	98	—	49	1	47	2	45
—	49	—	24^5	—	73^5	1	22^5	—	99	—	49^5	1	48^5	2	47^5
—	50	—	25	—	75	1	25	—							

1000—100 000 *M.*

Einfache Steuer		Die Hälfte		1 1/2 fach		2 1/2 fach		Einfache Steuer		Die Hälfte		1 1/2 fach		2 1/2 fach	
M	₰	M	₰	M	₰	M	₰	M	₰	M	₰	M	₰	M	₰
1 000	—	500	—	1 500	—	2 500	—	51 000	—	25 500	—	76 500	—	127 500	—
2 000	—	1 000	—	3 000	—	5 000	—	52 000	—	26 000	—	78 000	—	130 000	—
3 000	—	1 500	—	4 500	—	7 500	—	53 000	—	26 500	—	79 500	—	132 500	—
4 000	—	2 000	—	6 000	—	10 000	—	54 000	—	27 000	—	81 000	—	135 000	—
5 000	—	2 500	—	7 500	—	12 500	—	55 000	—	27 500	—	82 500	—	137 500	—
6 000	—	3 000	—	9 000	—	15 000	—	56 000	—	28 000	—	84 000	—	140 000	—
7 000	—	3 500	—	10 500	—	17 500	—	57 000	—	28 500	—	85 500	—	142 500	—
8 000	—	4 000	—	12 000	—	20 000	—	58 000	—	29 000	—	87 000	—	145 000	—
9 000	—	4 500	—	13 500	—	22 500	—	59 000	—	29 500	—	88 500	—	147 500	—
10 000	—	5 000	—	15 000	—	25 000	—	60 000	—	30 000	—	90 000	—	150 000	—
11 000	—	5 500	—	16 500	—	27 500	—	61 000	—	30 500	—	91 500	—	152 500	—
12 000	—	6 000	—	18 000	—	30 000	—	62 000	—	31 000	—	93 000	—	155 000	—
13 000	—	6 500	—	19 500	—	32 500	—	63 000	—	31 500	—	94 500	—	157 500	—
14 000	—	7 000	—	21 000	—	35 000	—	64 000	—	32 000	—	96 000	—	160 000	—
15 000	—	7 500	—	22 500	—	37 500	—	65 000	—	32 500	—	97 500	—	162 500	—
16 000	—	8 000	—	24 000	—	40 000	—	66 000	—	33 000	—	99 000	—	165 000	—
17 000	—	8 500	—	25 500	—	42 500	—	67 000	—	33 500	—	100 500	—	167 500	—
18 000	—	9 000	—	27 000	—	45 000	—	68 000	—	34 000	—	102 000	—	170 000	—
19 000	—	9 500	—	28 500	—	47 500	—	69 000	—	34 500	—	103 500	—	172 500	—
20 000	—	10 000	—	30 000	—	50 000	—	70 000	—	35 000	—	105 000	—	175 000	—
21 000	—	10 500	—	31 500	—	52 500	—	71 000	—	35 500	—	106 500	—	177 500	—
22 000	—	11 000	—	33 000	—	55 000	—	72 000	—	36 000	—	108 000	—	180 000	—
23 000	—	11 500	—	34 500	—	57 500	—	73 000	—	36 500	—	109 500	—	182 500	—
24 000	—	12 000	—	36 000	—	60 000	—	74 000	—	37 000	—	111 000	—	185 000	—
25 000	—	12 500	—	37 500	—	62 500	—	75 000	—	37 500	—	112 500	—	187 500	—
26 000	—	13 000	—	39 000	—	65 000	—	76 000	—	38 000	—	114 000	—	190 000	—
27 000	—	13 500	—	40 500	—	67 500	—	77 000	—	38 500	—	115 500	—	192 500	—
28 000	—	14 000	—	42 000	—	70 000	—	78 000	—	39 000	—	117 000	—	195 000	—
29 000	—	14 500	—	43 500	—	72 500	—	79 000	—	39 500	—	118 500	—	197 500	—
30 000	—	15 000	—	45 000	—	75 000	—	80 000	—	40 000	—	120 000	—	200 000	—
31 000	—	15 500	—	46 500	—	77 500	—	81 000	—	40 500	—	121 500	—	202 500	—
32 000	—	16 000	—	48 000	—	80 000	—	82 000	—	41 000	—	123 000	—	205 000	—
33 000	—	16 500	—	49 500	—	82 500	—	83 000	—	41 500	—	124 500	—	207 500	—
34 000	—	17 000	—	51 000	—	85 000	—	84 000	—	42 000	—	126 000	—	210 000	—
35 000	—	17 500	—	52 500	—	87 500	—	85 000	—	42 500	—	127 500	—	212 500	—
36 000	—	18 000	—	54 000	—	90 000	—	86 000	—	43 000	—	129 000	—	215 000	—
37 000	—	18 500	—	55 500	—	92 500	—	87 000	—	43 500	—	130 500	—	217 500	—
38 000	—	19 000	—	57 000	—	95 000	—	88 000	—	44 000	—	132 000	—	220 000	—
39 000	—	19 500	—	58 500	—	97 500	—	89 000	—	44 500	—	133 500	—	222 500	—
40 000	—	20 000	—	60 000	—	100 000	—	90 000	—	45 000	—	135 000	—	225 000	—
41 000	—	20 500	—	61 500	—	102 500	—	91 000	—	45 500	—	136 500	—	227 500	—
42 000	—	21 000	—	63 000	—	105 000	—	92 000	—	46 000	—	138 000	—	230 000	—
43 000	—	21 500	—	64 500	—	107 500	—	93 000	—	46 500	—	139 500	—	232 500	—
44 000	—	22 000	—	66 000	—	110 000	—	94 000	—	47 000	—	141 000	—	235 000	—
45 000	—	22 500	—	67 500	—	112 500	—	95 000	—	47 500	—	142 500	—	237 500	—
46 000	—	23 000	—	69 000	—	115 000	—	96 000	—	48 000	—	144 000	—	240 000	—
47 000	—	23 500	—	70 500	—	117 500	—	97 000	—	48 500	—	145 500	—	242 500	—
48 000	—	24 000	—	72 000	—	120 000	—	98 000	—	49 000	—	147 000	—	245 000	—
49 000	—	24 500	—	73 500	—	122 500	—	99 000	—	49 500	—	148 500	—	247 500	—
50 000	—	25 000	—	75 000	—	125 000	—	100 000	—	50 000	—	150 000	—	250 000	—

Bemerkungen.

Gemäß Art. 25 Abs. IV des bayer. Umlagengesetzes vom 14. August 1910 sind nach Durchführung der im Abs. I mit III dort bezeichneten Erhöhungen für die Umlagenverteilung anzusetzen:

a) sämtliche Grundsteuern, Haussteuern, Gewerbesteuern und Steuern vom Gewerbebetrieb im Umherziehen mit den zweieinhalbfachen Beträgen,
b) sämtliche Kapitalrentensteuern mit den eineinhalbfachen Beträgen und
c) sämtliche Einkommensteuern mit den halben Beträgen.

Die Grund-, Haus- und Gewerbesteuern, mit denen das Reich, der bayer. Staat, die bayer. Kreisgemeinden, Distriktsgemeinden, Gemeinden und Ortschaften veranlagt oder vorgemerkt sind, werden gemäß Abs. I u. IV des Art. 25 mit dem dreifachen Betrage angesetzt.

Soweit Einkünfte aus Kapitalvermögen nach Art. 8 Abs. I Ziff. 11, 12 des Einkommensteuergesetzes für die Veranlagung zur Einkommensteuer außer Betracht bleiben, werden die entsprechenden Kapitalrentensteuern nach § 25 Abs. V des Umlagengesetzes nur mit den einfachen Beträgen angesetzt. Hat ein solcher Pflichtiger daneben auch einkommensteuerpflichtige Kapitalrenten, so tritt die Ermäßigung des Kapitalrentensteueransatzes nur insoweit ein, als die Kapitalsteuer auf die einkommensteuerfreien Renten trifft.

Die Berechnung der Steueransätze nach dem angeführten Art. 25 des Umlagengesetzes erfolgt gemäß Art. 28 Abs. I a. a. O. durch die Gemeindeverwaltung. Vertragsweise kann die Vornahme der Berechnung dem Kgl. Rentamt übertragen werden; die Uebernahme der Berechnung und Verteilung der Umlagen durch das Rentamt oder die Herstellung von Auszügen mit den rentamtlichen Steuerlisten geschieht nur gegen angemessene, in die Staatskasse fließende Vergütung.

Gegenüber den bisherigen Bestimmungen, welche nur eine einheitliche Heranziehung der einzelnen Steuergattungen zu den Gemeindeumlagen kannten, bedeutet die neue Art der Umlagenverteilung für die beteiligten Behörden zweifellos eine ganz bedeutende Mehrarbeit. Diese zu erleichtern und den erforderlichen Zeitmehraufwand nach Möglichkeit zu verringern, ist der Zweck vorstehender Tabellen. Sie dienen dazu, die nach obigem erforderlichen Umrechnungen der Steuerbeträge in die halben, eineinhalbfachen und zweieinhalbfachen Summen mit größtmöglicher Zeitersparnis durchzuführen. Als eine besondere Annehmlichkeit dürfte hierbei empfunden werden, daß sich die Tabelle der Pfennigbeträge auf jedem Blatt wiederholt, so daß ein Zurückschlagen bei der Umrechnung von Beträgen bis zu 1000 Mk. 99 Pfg. Steuer nicht erforderlich ist.

Möge vorliegendes Heftchen von den tit. Behörden, (Gemeinde- und Stadtverwaltungen, Rentämtern, Steuer- und Gemeindeeinnehmereien) als ein willkommenes Hilfsmittel zur Bewältigung der sich ständig steigernden Arbeitslast aufgenommen werden.

Kaiserslautern, im März 1911.

Der Herausgeber.

Druck von Dr. F. P. Datterer & Cie., G. m b. H., München und Freising

FSC
www.fsc.org
MIX
Papier | Fördert
gute Waldnutzung
FSC® C083411

Kolibri 360 GmbH
Ferdinand-Jühlke-Straße 7
99095 Erfurt, Deutschland
produktsicherheit@kolibri360.de